힘센 과학자

초판 1쇄 펴냄 2010년 9월 13일
초판 6쇄 펴냄 2018년 4월 30일

글 임숙영
그림 정승희

펴낸이 고영은 박미숙
편집이사 인영아 | 뜨인돌기획팀 이준희 박경수 김정우 이가현
뜨인돌어린이기획팀 조연진 임솜이 | 디자인실 이기희 김효진
마케팅팀 오상욱 여인영 | 경영지원팀 김은주 김동희

펴낸곳 뜨인돌출판(주) | 출판등록 1994.10.11.(제406-251002011000185호)
주소 10881 경기도 파주시 회동길 337-9
홈페이지 www.ddstone.com | 블로그 blog.naver.com/ddstone1994
페이스북 www.facebook.com/ddstone1994 | 노빈손 www.nobinson.com
대표전화 02-337-5252 | 팩스 031-947-5868

ⓒ 2010, 임숙영, 정승희

ISBN 978-89-93963-26-7 73400
CIP2010003194

어린이제품안전특별법에 의한 제품표시
제조자명 뜨인돌어린이 **제조국명** 대한민국 **사용연령** 만 6세 이상

힘센 과학자

임숙영 글
정승희 그림

뜨인돌어린이

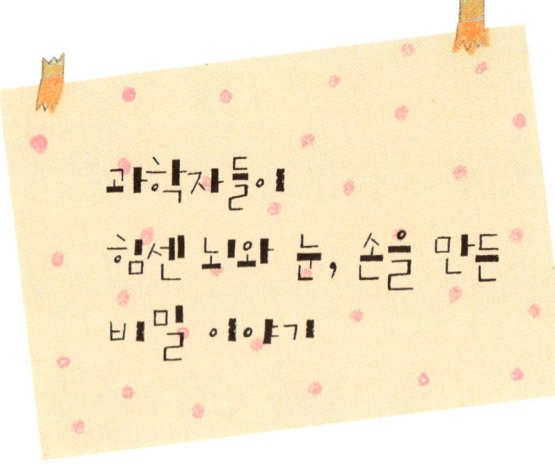
과학자들이
힘센 뇌와 눈, 손을 만든
비밀 이야기

뉴턴, 아인슈타인, 장영실, 에디슨…….

이름만 들어도 누군지 척 알겠지? 너무나 유명한 과학자들이니까. 이들에 관한 책도 여러 권 읽었을 거야. 엄마가 억지로라도 위인전을 읽게 했을 테니까 말이야. 같은 과학자 이야기를 몇 번씩 읽은 적도 있을걸? 그래서 과학자 이야기라면 별로 궁금하지도 않고, 읽고 싶지도 않을 거야. 사실은 나도 과학자 이야기 책이라면 펼쳐 보고 싶지도 않았어.

엄마나 아빠, 선생님은 과학자 이야기를 읽고 그들처럼 훌륭한 사람이 되라고 말씀하시지? 하지만 세상을 깜짝 놀라게 한 발견이나 발명을 했다는 과학자 이야기를 읽으면 아주 먼 나라 이야기 같아. 과학자들은 뭐든 잘하고 너무 똑똑하고 잘나서 아무리 용을 써도 따라갈 수 없다고 느껴지거든. 그래서 괜스레 내가 초라해 보여 기가 팍 죽고 말이야.

그런데 어느 날 과학자 이야기를 시시콜콜 써 놓은 두꺼운 책을 읽다가 과학자들에게 숨겨진 비밀이 있다는 걸 알게 되었어. 과학자들이 갑자기 머릿속에서 번개가 번쩍! 치면서 놀라운 발견이나 발명을 한 게 아니라는 걸!

과학자들은 호기심이 생기면 그걸 풀려고 골똘히 생각하고, 자세히 관찰하고, 끊임없이 실험했어. 어떨 땐 당장 그만두고 싶을 만큼 고통스럽기도 했지만 포기하지 않고 아주 끈질기게 노력했지.

　그리고 참고 노력하는 동안 자연스럽게 생각하는 힘(사고력), 관찰하는 힘(관찰력), 새로운 걸 만드는 힘(창의력)이 쑥쑥 자랐어. 그래서 생각하는 힘이 센 뇌, 관찰하는 힘이 센 눈, 새로운 걸 만드는 힘이 센 손으로 세상을 바꾼 놀라운 발견이나 발명을 할 수 있었던 거야.

　생각하는 힘, 관찰하는 힘, 새로운 걸 만드는 힘은 서로 연결되어 있어. 그래서 과학자들은 생각하는 힘뿐만 아니라 관찰하는 힘, 새로운 걸 만드는 힘도 세. 하지만 과학자마다 새로운 발견이나 발명을 할 때 조금씩 다른 뛰어난 힘을 발휘하곤 했어. 아인슈타인은 궁리하고 상상하는 힘이, 석주명은 자세히 관찰하는 힘이, 에디슨은 새로운 걸 만드는 힘이 셌거든.

　그래서 너희들에게 과학자들이 어떻게 생각하는 힘, 관찰하는 힘, 새로운 걸 만드는 힘을 길러서 힘센 뇌, 힘센 눈, 힘센 손을 가지게 됐는지 들려주려고 해. 과학자들이 어떻게 그런 힘을 길렀는지 알아보고 따라한다면 우리도 힘센 뇌, 힘센 눈, 힘센 손을 가질 수 있을 거야. 누구나 그럴 수 있는 능력을 가지고 태어났으니까!

2010년 여름
매클린톡과 패러데이의 매력에 푹 빠진 **임숙영**

차례

1장 곰곰, 사고력이 센 뇌를 가진 과학자들과의 만남

아이작 뉴턴
책 내용을 정리하면서 질문을 찾아내 생각했어 · 10
번뜩이는 뉴턴의 뇌 들여다보기 · 22   찰칵! 뉴턴이 살아온 길 · 24

알베르트 아인슈타인
머릿속에서 구체적인 물건이나
상황으로 바꾸어 상상했어 · 28
번뜩이는 아인슈타인의 뇌 들여다보기 · 40   찰칵! 아인슈타인이 살아온 길 · 42

이휘소
질문을 마음속에서 키우면서 혼자 힘으로 답을 찾았어 · 46
번뜩이는 이휘소의 뇌 들여다보기 · 58   찰칵! 이휘소가 살아온 길 · 60

2장 꼼꼼, 관찰력이 센 눈을 가진 과학자들과의 인터뷰

찰스 다윈
관찰한 걸 자세히 기록하고
내 생각과 느낌을 적었어 · 66
반짝이는 다윈의 눈 들여다보기 · 78   찰칵! 다윈이 살아온 길 · 80

바버라 매클린톡
마음의 눈으로 자연을 보면서 하나가 되려고 했어 · 84
반짝이는 매클린톡의 눈 들여다보기 · 94 찰칵! 매클린톡이 살아온 길 · 96

석주명
한 가지를 정한 다음 꾸준히 관찰했어 · 100
반짝이는 석주명의 눈 들여다보기 · 112 찰칵! 석주명이 살아온 길 · 114

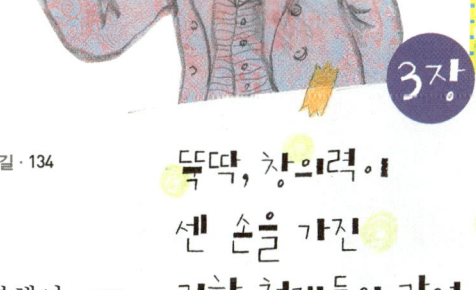

마이클 패러데이
생각나는 걸 구체적으로 기록하고 그려서
실험 장치로 만들었어 · 120
재주 많은 패러데이의 손 들여다보기 · 132 찰칵! 패러데이가 살아온 길 · 134

토머스 에디슨
실패를 두려워하지 않고 성공할 때까지 반복했어 · 138
재주 많은 에디슨의 손 들여다보기 · 148 찰칵! 에디슨이 살아온 길 · 150

장영실
이미 있는 것에 다른 기술을 덧붙여 새롭게 만들었어 · 154
재주 많은 장영실의 손 들여다보기 · 166 찰칵! 장영실이 살아온 길 · 168

3장

뚝딱, 창의력이
센 손을 가진
과학 천재들의 강연

아이작 뉴턴

당연한 것도 한번 의심해 봐! 과학은 앞선 사람들이 당연하게 믿었던 사실을 의심하면서 발전해 왔어. 그러므로 아무리 유명한 과학자가 쓴 책이라도 읽으면서 내용이 옳고 그른지 따져 본 다음, 다르게 생각하는 습관을 가져야 해. 물론 내가 쓴 책도! 나는 유명한 과학자들이 쓴 책을 꼼꼼히 읽으면서 노트에 내용을 정리하고 나만의 질문을 찾아냈어. 그리고 질문을 끈질기게 생각한 결과 여러 가지 발견을 할 수 있었지.

알베르트 아인슈타인

호기심은 상상력을 키워 주는 힘이야! 호기심이 많은 사람은 작은 일도 궁금해하고 무엇인지 알려고 해. 그래서 여러 가지 경험을 하고 그러면서 배울 수 있지. 상상은 경험이나 지식을 바탕으로 머릿속에 자유롭게 그려 보는 거야. 그러므로 경험이나 지식이 많을수록 상상력이 풍부해지겠지? 내가 상대성이론을 발견할 수 있었던 것도 바로 이런 끊임없는 호기심과 상상력 덕분이었어.

1장
곰곰, 사고력이 센 뇌를 가진 과학자들과의 만남

이휘소

질문을 마음에 품고 키워 봐! 그러면 '왜? 어떻게? 이건 뭐지? 그래서?'라고 꼬리에 꼬리를 물면서 생각하게 되고 스스로 답을 찾으려고 노력하게 돼. 그리고 모르는 걸 다른 사람에게 물어서 쉽게 답을 알았을 때보다 자기가 스스로 찾아서 답을 알았을 때 더 기억에 남아. 이 기억은 다른 질문을 스스로 해결하는 원동력이 된단다.

책 내용을 정리하면서 질문을 찾아내 생각했어

아이작 뉴턴

　살랑살랑 서늘한 초가을 바람에 단풍잎들이 흔들리는 모습이 아름답군. 난 걸음을 멈추고 깊이 숨을 들이마셨어. 아, 얼마만에 고향에서 느끼는 편안함인가!
　"아얏!"
　이게 무슨 소리지? 비명에 놀라 주위를 둘러보니, 사과나무 아래에 한 아이를 빙 둘러선 채 아이들이 모여 있었어.
　"어때? 뭔가 꽉 떠올라? 벌써 스무 개나 떨어뜨렸다고!"

사과나무 위에 앉아 있는 아이가 아래를 내려다보며 말했어.

"아, 아니. 이젠 더 이상 아파서 못 하겠어."

둘러싸인 아이는 손으로 머리에 난 혹을 문지르며 아픈 표정을 지었어.

"와, 우리가 이겼다! 푸하하!"

내기를 했나 보군. 그런데 무슨 내기를 한 걸까? 궁금한 걸 못 참는 난 한 아이에게 무슨 내기를 했는지 물어보았어.

"사과를 맞으면 엄청난 발견을 할 수 있는지 없는지 내기했어요."

그때 대답을 하던 아이가 나를 보고 깜짝 놀라 소리쳤어.

"앗, 뉴턴 할아버지, 아니 뉴턴 교수님이시다!"

허허, 어떻게 나를 알아본 걸까? 하긴 고향에서 나를 모르는 사람은 거의 없지. 곧 아이들이 우르르 몰려와 나를 빙 둘러쌌어.

쿵! 사과를 맞고 발견한 게 아니야

"전 사이먼인데요, 교수님께서 여기서 머리에 사과를 맞고 놀라운 발견을 하신 거 맞죠? 근데 왜 전 아무리 사과를 맞아도 생각이 나지 않죠?"

사과를 맞았던 아이가 내 앞으로 와서 씩씩대며 물었어. 세상에! 그 말을 믿고 아프게 사과를 맞았다니. 난 피식 나오는 웃음을 참았어. 하지만 아이의 진지한 눈빛을 보니 어렸을 때 내 모습을 보는 것 같았어.

"널 보니 어릴 때 바람 실험을 했던 기억이 떠오르는구나."

"바람 실험이요? 어떤 실험인데요?"

아이들이 동시에 합창하듯이 물었어.

"바람 실험은 내가 처음으로 한 실험이란다. 중학교를 다니다가 그만두고 고향에서 어머니를 도와 농사일을 돕고 있었지. 폭풍이 엄청나게 부는 어느 날이었어. 마을이 엉망진창이 되었지만 난 바람이 얼마나 센지 알아보기에 딱 좋은 날이라고 생각했어. 그래서 바람을 등지고 뛸 때랑 바람을 안고 뛸 때를 비교하는 실험을 했지. 그 결과 바람을 등지고 뛰면 더 멀리 뛸 수 있다는 걸 알아냈단다."

"에이, 바람이 뒤에서 세게 밀어 주니까 당연한 거 아니에요?"

사이먼은 그렇게 당연한 걸 몰랐냐는 듯 한심하다는 표정을 지었어.

"나도 그럴 거라고 생각했어. 하지만 당연해 보이는 것도 실험으로 증명해 보이는 게 중요하거든."

"아하! 이 사과나무 아래에서도 사과를 맞으며 실험하고 계셨던 거군요?"

사이먼이 물었어.

"아, 아냐. 사과나무 아래에 있었던 건 맞는데, 사과를 머리에 맞는 실험을 했던 건 아니란다."

"네? 사과를 머리에 맞지 않았다고요? 그럼, 어떻게 놀라운 발견을 하신 거죠?"

사이먼은 황당하다는 표정을 지었어. 그것도 모르고 머리에 혹이 날 만큼 사과를 맞았으니 그럴 만도 하지.

"난 한 가지를 생각하면 계속해서 그것 하나만 생각하는 버릇이 있단다. 그 때문에 밥을 먹거나 잠을 자는 걸 잊을 때도 있었지."

"그러니까, 생각을 많이 하면 놀라운 발견을 할 수 있다는 거죠?"

이해할 때까지 책을 읽고 정리하면서 콕콕 질문을 찾아냈어

"생각을 하기 전에 무엇을 생각할지 질문을 찾아내는 게 더 중요해."

"질문을 어떻게 찾아내는데요?"

사이먼은 얼굴을 코앞까지 들이대고 물었어.

"숨이 막히니까 좀 떨어져 앉을래? 대학교에 들어갔을 때 난 학교에서 새로운 과학을 가르치지 않는 데 실망했어. 그래서 혼자서 그 당시 과학계에 새로운 바람을 몰고 온 갈릴레이*, 케플러*, 데카르트*, 보일* 같은 과학자들이 쓴 책을 읽었어."

갈릴레오 갈릴레이 1564~1642년. 이탈리아의 과학자. 코페르니쿠스의 지동설을 지지했으며, 태양의 흑점과 목성의 네 개 위성을 발견했다.

요하네스 케플러 1571~1630년. 독일의 천문학자. 코페르니쿠스의 지동설을 수정·발전시켰으며, 행성운동법칙을 발견했다.

르네 데카르트 1596~1650년. 프랑스의 철학자·수학자·과학자. "나는 생각한다. 고로 나는 존재한다"는 근대 철학을 대표하는 명제를 남겼다.

로버트 보일 1627~1691년. 영국의 과학자. 근대 화학의 기초를 세웠으며, 보일의 법칙을 발견했다.

"우아! 어려운 과학책을 혼자서 읽으시다니 대단하세요."

"읽느라 얼마나 고생했는지 몰라. 데카르트가 쓴 『기하학』을 읽을 때 고생한 걸 생각하면 지금도 식은땀이 다 난다니까."

"근데 기하학이 뭐예요?"

사이먼이 묻자 남자아이들 틈에 있던 한 여자아이가 대답했어.

"기하학은 삼각형, 사각형 같은 도형의 넓이·길이·각도 등을 측정하거나 공간의 성질을 연구하는 학문이야."

에이미가 거만한 표정으로 대답하자 남자아이들이 일제히 입을 삐죽 내밀었어.

"오호! 제법이구나. 이름이 뭐니?"

"뭐, 그 정도는 기본이죠! 제 이름은 에이미예요. 근데 왜 『기하학』을 읽으셨죠?"

"박람회에 갔다가 별과 우주에 관한 책을 샀는데, 아 글쎄 기하학을 알아야 내용을 이해할 수 있겠더라고. 그래서 데카르트가 쓴 『기하학』을 읽기 시작했지. 하지만 너무 어려워서 2~3쪽을 못 넘겼어. 그래서 다시 처음으로 돌아가서 읽었어. 이번에는 3~4쪽까지밖에 읽을 수 없었지. 그래서 또다시 처음으로 돌아가서 읽기를 수없이 반복했어."

"와, 나 같으면 지겨워서 책을 덮어 버렸을 거예요."

사이먼은 사과가 들어갈 만큼 입을 떡 벌리고 감탄했어.

"사실은 나도 책을 내팽개치고 싶은 때가 한두 번이 아니었어. 하지만 이렇게 읽으면 좋은 점이 있단다. 만약 읽다가 '삼각형 내부의 각을 합하면 180도이다'라는 부분을 이해하지 못했다면, 처음으로 되돌아가 읽을 때는 이걸 마음속에 두고 다시 읽게 돼. 그러면 읽다가 막혔던 부분을 이해하게 되거든. 그렇게 책을 끝까지 읽으면 책 내용을 모두 이해할 수 있어. 외우지 않아도 기억이 되고 말이야."

"저도 그랬어요. 라틴어 문장을 수십 번 읽었더니 저절로 외워졌거든요. 헤헤."

"난 이런 방법으로 책을 읽으면서 모두 이해한 다음 노트에 내용을 정리했어. 노트 정리는 우선 '운동에 대하여'나 '빛의 성질'처럼 큰 제목을 정하고 그 아래에 장소, 시간, 운동, 빛, 색깔 같은 더 작은 내용을 써 놓았어. 그리고 그 아래에 책에서 얻은 내용을 정리한 다음, 내용을 비판적으로 생각하며 질문을 찾아냈지."

"비판은 반대니까 반대로 생각하는 거죠?"

이번에도 에이미가 잽싸게 끼어들며 대답했어.

"음, 사이먼이 해가 동쪽에서 뜨는 건 지구가 돌기 때문이라고 주장했다고 하자. 이걸 읽고 에이미는 '지구가 돈다면 우리가 지구에서 떨어져야 하는데, 왜 안 떨어지지?' 하고 의문을 가졌어. 그리고 해가 동쪽에서 뜨는 데는 다른 이유가 있다고 생각했어. 이처럼 어떤 내용을 이해하고 그 내용이 맞는지 틀리는지 생각해 보는 게 비판적으로 생각하는 거야."

"킥킥. 잘난 척하더니 쌤통이다."

아이들은 에이미가 답을 틀리자 낄낄거리면서 고소해했어.

"이렇게 비판적으로 생각하며 정리하다 보면 사물이나 현상에 대해 책마다 조금씩 다르게 설명된 내용을 비교할 수도 있지. 내가 발견한 '중력의 법칙'도 비판적으로 생각하며 찾아낸 질문에서 시작되었어. 질문의 답을 찾기 위해 운동에 관한 여러 책을 읽으면서 정리한 내용을 적고 생각을 키워 나갔거든. 1666년 가을, 이 사과나무 아래에서도 질문의 답을 찾기 위해 생각을 계속하고 있었단다."

질문에 대한 답을 찾을 때까지 생각하고 또 생각했어

"그, 그러니까 사과나무 아래에 앉아 생각을 하고 있었을 뿐인데 사과를 맞고 놀라운 발견을 했다고 헛소문이 난 거네요. 쳇, 사과는 정말로 아무 상관도 없었잖아!"

사이먼은 사과를 머리에 맞은 게 아직도 억울한지 씩씩댔어. 투둑! 그때 갑자기 사과나무에서 사과가 떨어졌어.

"아, 그날도 이렇게 사과가 떨어졌었지. 난 그때 '돌을 실에 매달아 돌리면 실 때문에 돌이 달아나지 않고 도는데, 달은 지구와 실로 연결되어 있지도 않은데 어떻게 지구 주위를 돌까?' 하고 골똘히 생각하고 있었단다. 그때 사과가 떨어지는 걸 보고는 '사과는 왜 옆이나 위가 아니라 땅으로 떨어질까?' 궁금한 생각이 들더라고."

"새똥도, 빗방울도, 위로 던진 돌멩이도 다 아래로 떨어지는데, 그게 뭐가 궁금하죠?"

사이먼이 퉁명스럽게 말했어.

"당연해 보이는 걸 의심해야 생각하는 힘을 키울 수 있단다. '사과가 아래로 떨어지는 게 중력 때문이라면 달이 지구로부터 달아나지 못하는 것도 중력 때문이 아닐까?' 이런 생각이 내 머리를 스쳤지."

"자, 잠깐만요. 중력이 뭔데요?"

"음, 중력은 지구가 지구 위에 있는 물체를 끌어당기는 힘이야. 난 지구가 사과를 끌어당겨서 떨어지게 하는 것처럼 달도 지구가 끌어당기고 있다고 생각했어."

"어라? 그렇담, 달도 지구로 떨어져야 하잖아요."
"발로 돌멩이를 차지 않으면 돌멩이는 가만히 있지? 모든 물체는 외부에서 영향을 받지 않는 한 계속 원래대로 있으려고 하거든. 달도 마찬가지란다. 원래는 지구로부터 달아나는 운동을 하고 있지만 지구가 끌어당기는 바람에, 지구로부터 달아나려는 힘과 지구가 끌어당기는 힘이 균형

을 이루면서 지구 주위를 돌게 된 거지. 하지만 만약 지구가 사과를 끌어당기는 것처럼 강하게 끌어당긴다면, 달은 지구로 떨어질 거야. 그래서 난 달이 지구에서 멀리 있기 때문에 끌어당겨지는 힘이 작아서 떨어지지 않는 거라고 생각했지."

"아하! 못에 자석을 가까이 대면 척 달라붙지만 자석을 멀리하면 못이 잘 끌어당겨지지 않는 거랑 비슷하네요."

"흠, 멋진 예로구나. 사이먼."

내가 칭찬을 하자 사이먼은 쑥스러운 듯 머리를 긁적였어.

"그렇다면 지구에서 멀어질수록 중력이 얼마만큼씩 약해질까? 난 또다시 질문을 던지며 생각했어. 그러다 노트에 적어 놓은 케플러가 발견한 행성운동의 제3법칙*을 보고 거꾸로 생각해 보았어. '태양에서 행성까지의 거리를 제곱한 값만큼 태양이 행성을 끌어당기는 힘이 작아진다'고 말이야. 하지만 아무리 계산해 보아도 증명할 수 없었어. 난 맥이 탁 풀릴 정도로 실망했지."

"난 수학 문제를 풀다가 안 풀리면 정말 짜증이 나던데."

에이미가 자기 일처럼 안쓰러워하면서 나를 쳐다보았어.

"하지만 난 계속 그 질문에 대한 답을 생각했고 결국 이 사과나무 아래에서 20년 만에 답을 찾았어. 지구와 사과 사이에 중력이 작용하듯이 태양과 행성, 지구와 달, 의자와 나, 즉 이 세상에 질량을 가진 모든 물체 사

케플러의 행성운동 제3법칙 행성의 공전 주기를 알면 태양과 행성 사이의 거리를 알 수 있다는 법칙. 행성의 공전 주기의 제곱은 태양과 행성의 평균 거리의 세제곱에 비례한다.

이에는 중력이 작용한다는 걸 밝힌 거야. 이게 바로 '중력의 법칙'이란다. 질량을 가진 모든 물체에 작용한다고 해서 '만유인력의 법칙'이라고도 부르지. 이뿐만 아니라 미적분, 빛이 알갱이로 이루어져 있다는 것 등도 모두 책을 읽으면서 노트에 정리한 걸 바탕으로 발견했어."

"이야, 교수님이 쓰신 노트는 생각이 샘솟는 샘이네요. 생각의 샘!"

사이먼이 무슨 큰 발견이라도 한 듯 흥분해서 말했어.

"생각의 샘이라, 좋은데? 하지만 생각이 샘솟을 수 있었던 건 갈릴레이, 데카르트, 케플러, 보일 같은 위대한 과학자들이 있었기 때문이야. 내가 그 거인들의 어깨 위에서 멀리 볼 수 있었듯이 너희들도 내 어깨 위에서 멀리 보고 새로운 걸 발견했으면 좋겠구나."

"목말을 태워 주시면 지금이라도 멀리 볼 수 있는데, 헤헤헤."

"이 녀석들이, 하하하."

난 정말 오랜만에 배꼽을 잡고 크게 웃었어. 어느새 울즈소프 농장은 노을로 붉게 물들고, 내 얼굴도 잘 익은 사과처럼 발그레해졌어.

번뜩이는 뉴턴의 뇌 들여다보기

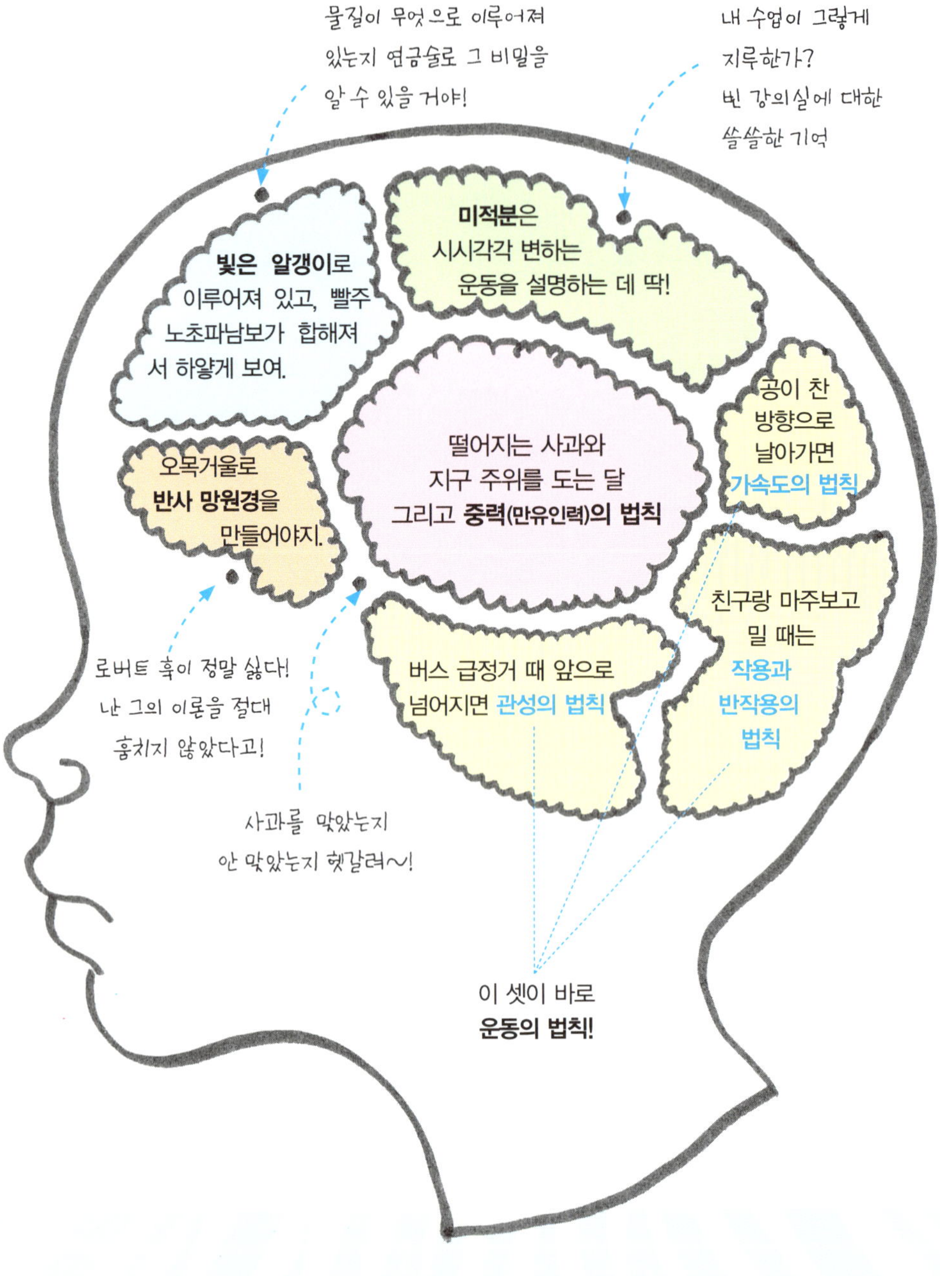

물질이 무엇으로 이루어져 있는지 연금술로 그 비밀을 알 수 있을 거야!

내 수업이 그렇게 지루한가? 빈 강의실에 대한 쓸쓸한 기억

빛은 알갱이로 이루어져 있고, 빨주노초파남보가 합해져서 하얗게 보여.

미적분은 시시각각 변하는 운동을 설명하는 데 딱!

오목거울로 **반사 망원경을** 만들어야지.

떨어지는 사과와 지구 주위를 도는 달 그리고 **중력(만유인력)의 법칙**

공이 찬 방향으로 날아가면 **가속도의 법칙**

로버트 훅이 정말 싫다! 난 그의 이론을 절대 훔치지 않았다고!

버스 급정거 때 앞으로 넘어지면 **관성의 법칙**

친구랑 마주보고 밀 때는 **작용과 반작용의 법칙**

사과를 맞았는지 안 맞았는지 헷갈려~!

이 셋이 바로 **운동의 법칙!**

안녕하세요, 사과나무 아래에서 머리에 혹이 나도록 사과를 맞은 사이먼이에요. 뉴턴 박사님은 어떤 생각을 했는지 저와 함께 뉴턴 박사님의 뇌를 들여다볼까요?

와, 뇌 가운데에 '중력의 법칙'이 크게 자리 잡았네요. 사과가 땅으로 떨어지고 달이 지구를 도는 것도 모두 중력이 작용하기 때문이죠. 중력은 물체의 질량이 클수록 커지고 물체 사이의 거리가 멀어질수록 거리를 제곱한 만큼씩 작아져요.

운동의 세 가지 법칙도 보이네요. 제1법칙 관성의 법칙은 외부에서 힘이 작용하지 않는 한 서 있는 물체는 계속 서 있고, 운동하던 물체는 계속 운동하려는 성질을 말해요. 제2법칙 가속도의 법칙은 어떤 물체에 힘을 주면 물체가 힘을 주는 방향으로 움직이는데, 이때 주는 힘이 세고 물체가 가벼울수록 빠르게 움직이는 걸 말해요. 제3법칙 작용과 반작용의 법칙은 친구와 마주보고 서로 밀 때 몸이 뒤로 밀려나는 것처럼 어떤 물체에 힘을 주면 힘을 받은 물체가 힘을 준 상대방에게 크기가 같으면서 방향이 반대인 힘을 주는 걸 말해요.

이 밖에도 뉴턴 박사님의 뇌에는 미적분, 빛에 대한 연구 등으로 꽉 찼네요. 제 머릿속에는 사과를 너무 맞아서 아프다는 생각뿐인데…….

찰칵! 뉴턴이 살아온 길

외톨이 꼬마 발명가

뉴턴은 1642년 크리스마스 새벽에 영국 링컨셔에 있는 울즈소프에서 태어났어. 뉴턴의 아버지는 뉴턴이 태어나기 전에 세상을 떠났고, 어머니는 뉴턴이 네 살 때 그를 외할머니에게 맡기고 재혼했어. 그래서 뉴턴은 아주 외로운 어린 시절을 보냈어. 하지만 뉴턴이 열한 살 때 새아버지가 돌아가셔서 다시 어머니와 함께 살게 되었지.

아이작 뉴턴
(율리우스력 1642~1727년
그레고리력 1643~1727년)

뉴턴은 열두 살 때부터 울즈소프에서 가장 가까운 도시인 그랜섬에 있는 중학교에 다녔어. 이때도 뉴턴은 외톨이였어. 그래서 혼자서 책을 읽거나 해시계, 풍차, 등잔, 작은 물레방아, 장난감 같은 걸 만들면서 지냈어.

얼마 후 어머니는 뉴턴에게 학교를 그만두게 하고 농사일을 돌보게 했어. 하지만 여러 가지 발명품을 만드는 뉴턴의 재능을 교장 선생님과 외삼촌이 알아보고 어머니를 설득해 공부를 계속할 수 있었지. 이후 1661년 케임브리지대학교 트리니티칼리지에 입학했어.

위대한 발견의 실마리를 찾아낸 '기적의 해'

트리니티칼리지에 들어간 뉴턴은 갈릴레이, 케플러, 보일, 데카르트 등 당시 유명한 과학자들이 쓴 책을 읽었어. 뉴턴은 책을 이해할 때까지 읽고 또 읽으면서 내용을 노트에 정리했어. 그리고 과학자들이 주장하는 각각의 이론을 비교하면서 자기만의 질문을 찾아내 끊임없이 생각했어.

대학교를 졸업하고 대학원에 들어간 직후 페스트*로 대학교가 문을 닫게 되었어. 그래서 뉴턴은 울즈소프로 돌아와 1665년 5월부터 1667년 봄까지 지냈어.

이때 뉴턴은 대학교에 들어가서 공부했던 기하학을 바탕으로 미적분을 발견했어. 그리고 빛과 운동에 대한 질문들을 해결할 실마리도 찾아냈어. 이 실마리를 바탕으로 나중에 중력의 법칙과 빛이 알갱이로 이루어져 있다는 것을 발견했지. 그래서 뉴턴이 위대한 발견의 실마리를 찾아낸 이 시기를 '기적의 해'라고 불러.

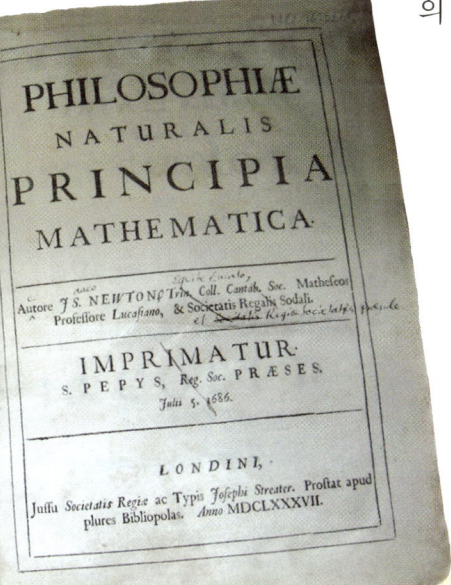

1687년에 출판된 프린키피아

우주의 법칙을 정리한 책, 프린키피아

페스트가 사라진 후 1667년 대학교로 돌아간 뉴

페스트 페스트균에 감염되어 일어나는 급성 전염병. 14세기 전 유럽에 대유행해 많은 사람을 죽게 했다.

턴은 그 이듬해 반사 망원경을 최초로 만들었는데, 이 망원경 덕분에 1672년 왕립학회 회원으로 뽑혔지. 그리고 이에 앞서 1669년 수학 교수가 되었어. 뉴턴은 학생들을 가르치면서도 연구를 계속했어. 하지만 뉴턴이 빛에 대한 실험을 학회에 발표하면서 로버트 훅*과 논쟁이 벌어졌고, 뉴턴은 다시는 자신이 발견한 내용을 발표하지 않겠다고 마음먹지.

그 후 사람들과 어울리지 않고 구리·납·주석 등으로 금과 은을 만드는 연금술에 빠져들었어. 뉴턴은 연금술을 연구해서 물질이 무엇으로 이루어져 있는지 알고 싶었거든.

그러다 1687년 뉴턴은 중력의 법칙과 운동의 세 가지 법칙을 담은 책 『자연 철학의 수학적 원리』를 펴냈어. 3권으로 이루어진 이 책은 라틴어로 줄여서 『프린키피아』라고 해. 이 책은 과학사에서 가장 위대한 책 가운데 하나로 여겨지고 있어. 그리고 중력의 법칙과 운동의 세 가지 법칙의 발견으로 사람들은 우주가 어떻게 움직이는지 알게 되었지.

처음으로 기사 작위를 받은 과학자

『프린키피아』를 펴낸 다음 뉴턴은 신경 쇠약증에 걸렸어. 먹지도 자지도 않고 연구만 했기 때문이야. 하지만 점점 건강을 되찾았고, 1689년에

로버트 훅 1635~1703년. 영국의 과학자. 현미경을 만들어 세포를 처음으로 발견했다. 뉴턴과 이론적으로 사사건건 대립하였다.

는 케임브리지대학교를 대표하는 의회 의원이 되었어. 그리고 1691년에는 조폐국에서 관리로 일했으며, 1703년에는 왕립학회 회장이 되었어.

그리고 그 다음 해 뉴턴은, 연구 결과를 발표할 때마다 논쟁을 벌였던 로버트 훅이 죽자 빛에 대한 연구를 정리해 『광학』이라는 책을 펴냈어. 1705년에는 과학자로는 처음으로 앤 여왕으로부터 기사 작위를 받았지.

뉴턴은 병으로 자리에 누워서도 여전히 해결하지 못한 질문들을 생각했어. 그러다 1727년 3월 20일에 여든다섯 살의 나이로 세상을 떠났어. 그리고 영국을 대표하는 사람들이 묻히는 웨스트민스터 사원에 묻혔어.

머릿속에서 구체적인 물건이나 상황으로 바꾸어 상상했어

알베르트 아인슈타인

"뿌우우."

후유, 하마터면 강연에 늦을 뻔했네. 난 막 네덜란드로 떠나는 열차에 가까스로 올라탔어. 그런데 자리에 앉자마자 앞에 앉은 꼬마가 깔깔대며 웃는 거야.

"푸하하. 할아버지 머리 좀 봐. 꼭 번개 맞은 거 같아!"

이리 삐죽, 저리 삐죽. 아무렇게나 솟은 내 머리카락이 무척이나 웃긴가 보군.

"마틴, 어른을 놀리면 못 써."

아이를 나무라며 나를 보던 아이 엄마는 눈이 왕방울만 해졌어.

"어머나! 아인슈타인 박사님 아니세요?"

사람들이 날 알아보다니. 지난해까지만 해도 과학자들조차 날 몰랐었는데, 상대성이론이 증명되자 하루아침에 세상에서 가장 유명한 과학자가 되었다니까.

"막스, 막스! 이 분이 아인슈타인 박사님이셔. 얼른 인사 드려야지."

마틴의 형인 듯한 한 아이가 창밖을 보다가 고개를 홱 돌리고는 다짜고짜 물었어.

"박사님! 박사님도 학교를 그만두셨었죠?"

"그, 그랬지."

"엄마, 내 말이 맞죠? 학교를 다니지 않아도 박사님처럼 위대한 발견을 할 수 있다니까요."

내 대답을 듣고 의기양양해하는 막스를 보며 아이 엄마는 한숨을 푹 쉬었어.

"이 녀석이 어디서 박사님 이야기를 들었는지 박사님처럼 학교를 그만두겠다고 떼를 쓰지 뭐예요. 자기도 천재라면서 학교를 안 다녀도 박사님처럼 될 수 있대요. 제발, 박사님이 말씀 좀 해 주세요."

아이를 설득하는 건 자신이 없는데……. 이런 난처할 때가 있나.

만약에 이렇게 하면 어떻게 될까, 구체적으로 상상했어

"막스, 난 천재가 아니란다. 특별한 게 있다면 어렸을 때부터 호기심이 많았다는 거야. 다섯 살 때였어. 아버지께서 나침반을 주셨는데, 난 바늘이 항상 북쪽을 가리키는 게 신기했지. 이때부터 난 세상 모든 것에는 비밀이 숨겨져 있다고 생각했고, 그게 뭔지 궁금했어. 하지만 어른들은 질문을 하면 귀찮아하면서, 학교에 가면 배울 거라고만 했지. 그런데 웬걸! 학교에서도 내가 궁금해하는 걸 하나도 가르쳐 주지 않는 거야."

"맞아요. 학교에서는 무조건 외우게 하거나 어려운 문제만 풀라고 한다니까요."

막스는 내가 자기랑 비슷한 생각을 하는 게 신이 나서 맞장구를 쳤어.

"그나마 다행인 건 삼촌이 내 곁에 있었다는 거야. 삼촌은 내 궁금증을 풀어 주었고, 자연이 얼마나 신비로운지, 수학이 얼마나 재미있는지 알게 해 주었거든. 아, 과학에 대한 호기심을 키워 준 사람이 또 있었군! 막스였지!"

"네? 제, 제가요? 언제요?"

"하하하. 그러고 보니 이름이 똑같네! 막스는 우리 집에서 하숙하면서 의대에 다니던 학생이었어. 막스는 과학책은 물론 철학책도 빌려 주고, 궁금한 건 함께 토론했어. 막스가 빌려 준 책들을 읽으면서 과학에 대한 호기심이 커졌지."

"거 봐라. 책을 읽어야 한다고 엄마가 몇 번이나 말했니?"

엄마가 막스에게 잔소리를 하자 막스는 얼굴을 찡그리며 말했어.

"책을 아예 달달달 외울 게요. 그럼 됐죠?"

"무조건 외우는 건 소용없어. 그보다는 상상하는 게 중요해."

"상상이요? 그냥 누워서 멍하니 생각만 하면 되잖아요."

나 원 참! 다들 내가 상상하라고 말하면 이런 착각을 한다니까.

"상상은 경험이나 지식을 바탕으로 머릿속에서 자유롭게 그려 보는 거야. 그래서 상상력을 키우려면 다양한 책을 읽고, 아주 작은 일에도 호기심을 가져야 해."

"그렇다면, 박사님은 책도 많이 읽고 왕호기심쟁이니까 상상력도 풍부하시겠네요?"

"음, 그렇다고 할 수 있지. 그런데 상상할 땐 '만약에 이렇게 하면 어떻게 될까?' 하고 구체적으로 해야 해. 내가 발견한 특수상대성이론도 이렇게 구체적으로 했던 상상에서 시작되었어."

"어떤 상상을 하셨는데요?"

막스는 잔뜩 기대에 찬 얼굴로 내 무릎 앞으로 바싹 다가왔어.

"난 고등학교를 그만두고 스위스에 있는 취리히 연방공과대학교에 들어가기 전에 스위스 아라우에 있는 학교를 1년 동안 다녔어."

"네? 그럼 다시 학교를 다니셨단 말이에요?"

학교에 다녔다는 말에 막스는 실망한 표정으로 물었어.

"그곳은 전에 다녔던 학교와는 달리 선생님들이 자유롭게 스스로 공부할 수 있도록 도와주었어. 그때 난 만약 빛과 같은 속도로 달리면 어떻게 될까, 빛에 올라타고 달리면 빛이 어떻게 보일까를 상상했어."

"어떻게 보이지도 않는 빛을 탈 수가 있어요?"

상상한 것을 사물로 바꾸어서 머릿속에서 실험했어

"자, 내가 보여 주지. 막스, 내가 잡고 있는 줄의 다른 쪽 끝을 잡고 위아래로 흔들어 봐. 줄이 어떻게 움직이니?"

"구불구불 뱀처럼 움직여요. 우하하."

막스는 심심하던 차에 재미난 놀이를 만났다는 듯 줄을 흔들면서 즐거워했어.

"줄이 위아래로 진동하면서 네가 있는 쪽에서 내 쪽으로 나아가지? 이렇게 줄을 따라 위아래로 진동하면서 전해지는 걸 파동이라고 해. 호수에 돌을 던지면 생기는 동그라미도 파동인데, 파동은 물이나 공기 같은 물질을 진동시켜서 전달돼. 그 당시 사람들은 빛이 파동이라는 맥스웰*의 말을 믿고 있었고, 빛이 우주 공간을 메운 에테르를 진동시켜서 이동한다고 생각했지. 자, 이제 나랑 상상해 볼까? 네가 구불구불 움직이는 줄에서

맥스웰 1831~1879년. 영국의 물리학자. 빛이 전기와 자기에 의한 파동, 즉 전자기복사라는 것을 증명했고, 기체의 분자운동에 관해 연구했다.

볼록하게 올라온 부분에 앉아서 날아가다고 상상해 봐. 이때 네가 줄을 보면 어떻게 보일까?"

"멈춰 있는 것처럼 보여요."

막스는 눈을 위로 치켜뜨고는 잠시 상상하더니 얼른 대답했어.

"옳거니! 자, 이번에는 구불구불 움직이는 줄이 빛이고 볼록하게 올라온 부분에 앉아 있다고 상상해 봐. 이번에도 빛이 멈춰 있는 것처럼 보이겠지? 이건 갈릴레이가 발견한 상대성원리에 따르면 당연한 거야."

"상대성원리요? 그건 박사님이 발견하신 거 아니었어요?"

"우리는 지금 기차 안에 가만히 앉아 있지만, 창밖에서 우리를 보면 기차가 달리는 속도로 달리는 것처럼 보여. 이렇게 물체가 움직이는 속도가 보는 사람에 따라 다르다는 게 갈릴레이의 상대성원리야. 그런데 내가 상상한 결과는 빛과 같은 속도로 움직일 때 빛이 정지해 있는 것처럼 보이므로 상대성원리에는 맞아. 하지만 빛이 파동이라면 절대 일어날 수 없는 일이었어. 빛이 파동이라면 제자리에서 위아래로 흔들리면서 나아가기 때문에, 빛과 같은 속도로 움직여도 빛이 위아래로 움직이는 건 보여야 하거든. 정말 이상했지만 난 그 이유를 알 수가 없었어."

"와, 그래도 상상으로 그런 걸 알아내다니 정말 놀라워요."

"이렇게 막연한 생각을 구체적인 물건이나 일로 바꾸어서 상상하면서 실험하는 걸 '사고 실험'이라고 해. 난 사고 실험으로 과학 원리를 올바르게 이해했는지 검토했어. 이를테면 엘리베이터를 탔는데 줄이 끊어져서 엘리베이터가 밑으로 떨어진다면 그 안에 있는 사람은 무게를 느낄 수 있을까라는 생각을 했거든. 사고 실험 결과 떨어지는 엘리베이터 안에 있는 사람은 둥둥 떠서 무게를 느끼지 못한다는 결론을 얻었지. 마치 우주에서처럼. 이 생각에서 일반상대성이론을 발견하게 되었단다."

"자, 잠깐만요. 아까 말씀하신 특수상대성이론은 뭐고 일반상대성이론은 또 뭐죠?"

내가 발견한 이론은 과학자들도 이해하기 힘들어하는데……. 어떻게 설명해야 할까.

"음, 상대성이론은 시간과 공간이 보는 사람에 따라 달라진다는 거야. 여기에 '특수'라는 말이 붙으면 특수한 경우, 즉 중력의 영향을 받지 않아서 물체가 일정한 속도로 운동할 때 적용된다는 거야. 일반은 중력의 영향을 받아서 속도가 변하는 경우와 그렇지 않은 경우에도 적용되고. 그래서 일반상대성이론에는 특수상대성이론이 포함돼."

"으으, 머리 아파."

막스가 괴로워하며 두 손으로 머리를 마구 쥐어뜯자, 머리가 나처럼 헝클어졌어.

"혹시 박사님도 너무 어려운 걸 발견하느라 괴로워하다가 머리카락을 쥐어뜯어서 그렇게 되신 거 아니에요? 헤헤헤."

다른 사람들과 토론하면서
상상을 가다듬었어

"그럴지도 모르지. 아까 말한 그 이상한 문제 때문에 오랫동안 머리가 아팠었거든. 대학교에 들어가서도 이 문제는 내 머릿속을 떠나지 않았어. 그래서 수업도 빼먹고 혼자서 이 문제를 풀기 위해 물리학을 공부했어."

"킥킥. 박사님도 저처럼 땡땡이 대왕이었네요."

막스는 팔짱을 끼면서 씨익 웃었어.

"아마 친구가 노트를 빌려 주지 않았다면 졸업을 못 했을 거야. 졸업을 한 후 난 특허국에 취직해서 낮에는 일을 하고 밤에는 연구를 했어. 사무실에서도 책상 서랍에 물리학 책과 노트를 넣어 두고는 틈이 날 때마다 책을 꺼내 보거나, 생각나는 것을 노트에 적곤 했어. 그래서 난 그 서랍을 물리학과라고 불렀지. 하지만 내게 가장 큰 도움을 준 건 '올림피아 아카데미'라는 모임이야. 난 이 모임에서 그동안 사고 실험으로 발견했던 문제들을 친구들과 토론했어. 우주는 에테르로 가득 차 있는지, 빛의 속도가 보는 사람에 따라 달라지는지 등등을 말이야."

"어라? 박사님같이 아는 것이 많은 사람들은 다른 사람 이야기를 잘 안 듣는다던데······."

"사람들은 내가 늘 자신만만해하고 잘난 척한다고 생각하더라. 하지만 난 내가 잘못 이해한 건 인정했고, 모르는 게 있으면 책을 읽고 다른 사람들과 토론하면서 알려고 노력했어. 아무리 똑똑한 사람도 자신이 연구하는 분야에 대해 모든 것을 정확히 알 수는 없거든. 다 안다면 왜 그렇게 힘들게 연구를 하겠니?"

"와, 정말 용기가 대단하세요! 아빠 말씀이 자기 잘못을 인정하는 사람이 가장 용기 있는 사람이라고 하셨거든요."

이런, 칭찬을 들으니 쑥스럽구먼.

"생각이 맴맴 돌 때 다른 사람과 토론하면 미처 알지 못하던 걸 깨닫기도 하고, 생각이 한순간에 정리되기도 해. 특수상대성이론을 발견할 때도 그랬어. 어느 날, 토론을 하다가 고민해 왔던 문제들이 한꺼번에 정리되었거든. 우주 공간은 진공이고, 진공을 달리는 빛의 속도는 변하지 않는다는 것, 그래서 빛을 타고 달릴 때 빛이 정지해 있는 것처럼 보이려면 시간이 달라져야 한다는 걸 알게 됐지."

"엥? 시간은 정해져 있는 거잖아요. 그게 어떻게 달라질 수 있죠?"

"빛이 천장에서 아래로 뻗어나갔다가 바닥에 있는 거울에 반사되어 돌아오는 데 1초가 걸리는 시계가 있다고 해 보자. 이 시계를 기차 안에 있는 우리가 보면 빛이 아래로 나갔다가 똑바로 올라오는 것처럼 보여. 하지만 기차 밖에서 보면 빛이 기차가 움직이는 방향으로 나아가는 것처럼 보여. 그래서 똑같은 빛인데도 기차 안에 있는 사람에게는 기차 밖에 있는 사람보다 빛이 더 짧은 거리를 움직인 것처럼 보이지. 하지만 빛의 속도는 항상 같아. 그래서 기차 안에 있는 사람은 더 짧은 거리를 움직인 빛의 속도를 일정하게 맞추기 위해서 시간이 느려져야 해. 빠르게 움직이는 물체는 길이가 줄어들어야 하고."

"와, 시간이 느려지고 길이가 줄어들다니! 앨리스가 갔던 이상한 나라 같아요."

"우아, 풍차다, 풍차!"

막스의 동생 마틴이 창밖을 보며 소리쳤어.

"이야, 박사님 이야기를 듣다 보니 눈 깜짝할 사이에 도착했네요. 정말 박사님 말씀처럼 시간은 상대적인 거 같아요. 헤헤헤."

번뜩이는 아인슈타인의 뇌 들여다보기

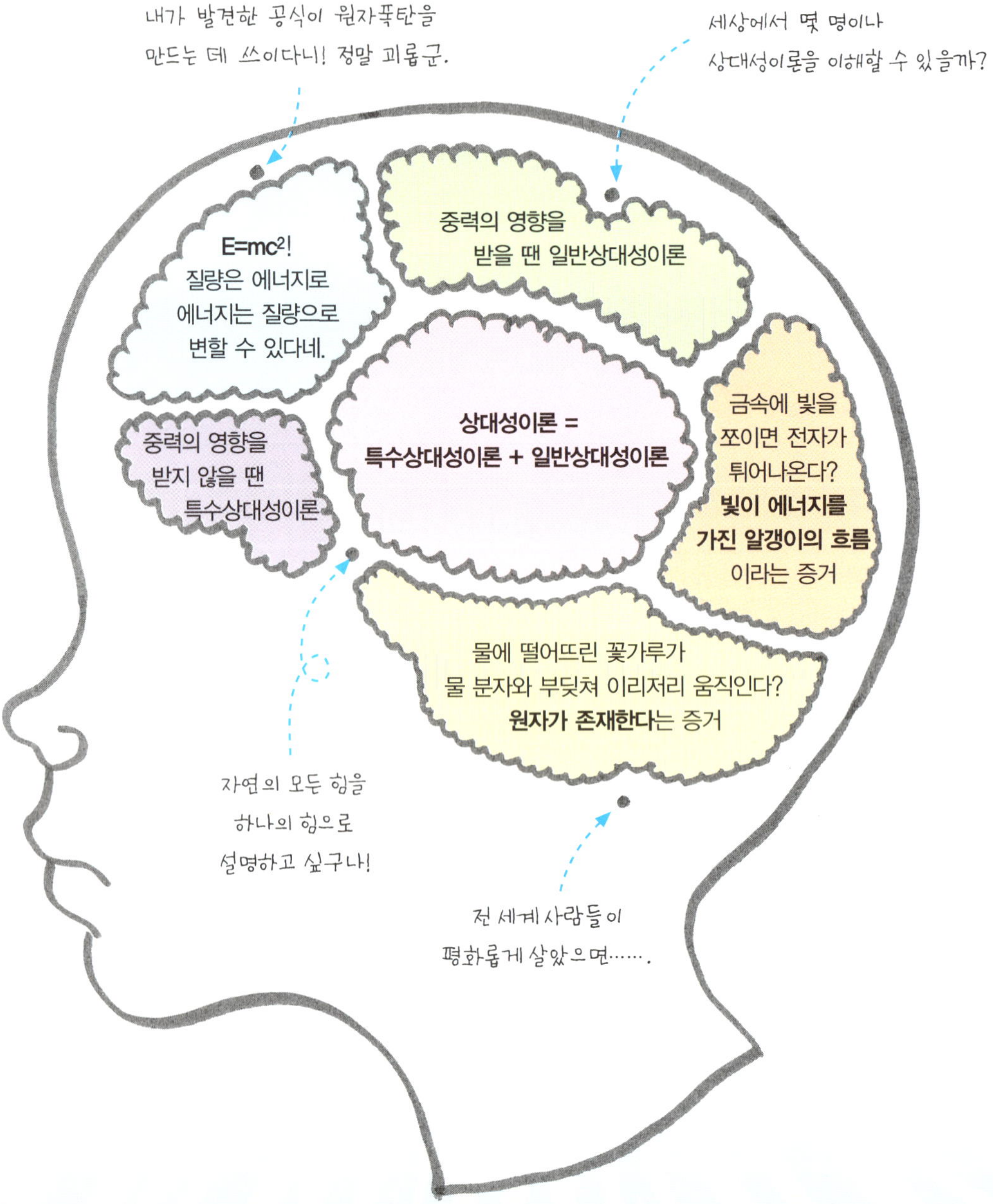

내가 발견한 공식이 원자폭탄을 만드는 데 쓰이다니! 정말 괴롭군.

세상에서 몇 명이나 상대성이론을 이해할 수 있을까?

$E=mc^2$! 질량은 에너지로 에너지는 질량으로 변할 수 있다네.

중력의 영향을 받을 땐 일반상대성이론

중력의 영향을 받지 않을 땐 특수상대성이론

상대성이론 = 특수상대성이론 + 일반상대성이론

금속에 빛을 쪼이면 전자가 튀어나온다? **빛이 에너지를 가진 알갱이의 흐름**이라는 증거

물에 떨어뜨린 꽃가루가 물 분자와 부딪쳐 이리저리 움직인다? **원자가 존재한다**는 증거

자연의 모든 힘을 하나의 힘으로 설명하고 싶구나!

전 세계 사람들이 평화롭게 살았으면…….

기차 안에서 우연히 아인슈타인 박사님을 만난 행운아 막스예요. 천재는 학교에 갈 필요도 없고, 그냥 마구 훌륭한 과학적 사고가 떠오르는 줄 알았는데 그게 아니더라고요. 박사님은 작은 일에도 호기심을 갖고 끊임없이 머릿속에서 사고 실험을 해 위대한 발견을 할 수 있었던 거예요.

끝도 없는 상상력만큼이나 뇌 구조도 무척 독특할 것 같은 아인슈타인 박사님의 뇌에는 역시나 상대성이론이 가장 큰 자리를 차지하고 있어요.

물체가 일정한 속도로 움직이거나 중력의 영향을 받지 않을 때, 빛의 속도로 움직이면 길이는 줄어들고, 시간은 느려진다는 특수상대성이론을 연구하면서 발견한 위대한 방정식 $E=mc^2$!(E=에너지, m=질량, c=빛의 속도) 이것은 물체의 속도가 빛의 속도에 가까워지면 질량은 에너지로, 에너지는 질량으로 바뀔 수 있다는 것을 공식으로 나타낸 거예요.

그 밖에도 빛이 에너지를 가진 작은 낟알(광자)의 흐름이라는 광양자설을 발견했어요. 이 이론으로 금속에 빛을 쪼이면 전자가 튀어나오면서 전기가 흐르는 광전 효과를 설명할 수 있지요.

상상력과 끈질긴 연구로 누구도 생각 못한 것을 발견한 아인슈타인 박사님! 저도 오늘부터 끊임없이 상상해서 빛과 같은 속도로 박사님을 따라 잡을래요!

찰칵! 아인슈타인이 살아온 길

과학에 대한 호기심을 키워 준 나침반

아인슈타인은 1879년 3월 14일 독일 슈바벤 지방에 있는 울름에서 태어났어. 세 살이 될 때까지 말을 못 해서 부모님은 지체아가 아닐까 걱정했지.

아인슈타인은 다섯 살 때 아버지가 주신 나침반을 보면서 과학에 대해 호기심을 가지기 시작했어.

알베르트 아인슈타인
(1879~1955년)

김나지움(독일의 중등 교육 기관. 중학교와 고등학교를 합한 과정)에 들어간 아인슈타인은 엄격한 학교 분위기에 적응하지 못하고 열다섯 살 때 학교를 그만뒀어. 그리고 가족이 있는 이탈리아로 와서 스위스의 취리히연방공과대학교에 들어가려고 시험을 보지만 떨어지지.

다행히 수학과 과학 성적이 좋아서, 스위스 아라우에 있는 학교에서 1년 동안 공부한 후 다시 시험을 치러서 입학해. 아라우에 있는 학교는 자유로운 분위기에서 교육했는데, 아인슈타인은 이곳에서 철학, 물리학 등을 공부하면서 특수상대성이론의 바탕이 되는 상상을 맘껏 했어.

네 편의 논문을 발표한 '기적의 해'

1896년 취리히연방공과대학교에 들어간 아인슈타인은 흥미가 없는 수업은 듣지 않고 혼자서 물리학을 공부했어. 이후 임시 교사를 하다가 친구의 도움으로 스위스 베른에 있는 특허국에 취직했어. 그는 일하면서 틈틈이 연구했고, 친구들과 모임을 만들어 토론했어.

드디어 1905년 아인슈타인은 그동안 연구했던 결과를 연달아 발표했어. 3월에는 광양자설, 5월에는 브라운 운동의 원인은 분자 운동 때문이라는 것, 6월에는 특수상대성이론을 발표했어. 그 후 특수상대성이론을 좀 더 깊이 연구한 결과, 9월에는 질량과 에너지는 다른 형태지만 같다는 것을 $E=mc^2$라는 공식으로 밝힌 논문을 발표했어.

이 논문들은 모두 과학계에 획기적 발전을 가져온 것으로 물리학자들은 1905년을 '기적의 해'라고 불러. 하지만 아인슈타인이 논문을 발표했을 당시에는 과학계에서 아무런 반응도 없었어. 과학자들이 이 이론들을 이해하지 못했을 뿐 아니라 너무 엉뚱한 생각이라고 여겼기 때문이지. 하지만 점차 이 이론들은 인정받기 시작했어.

일반상대성이론이 증명되면서 유명해지다

1916년 아인슈타인은 일반상대성이론을 완성했어. 1907년 특수상대성이론을 해설하는 글을 쓰면서 사고 실험을 거듭한 끝에 무려 9년 만에 완성한 거야.

하지만 이 이론은 1919년, 영국 천문학자들이 개기일식 때 태양 근처에서 별빛이 휘어지는 것을 관측하면서 증명되었어. 그리고 런던에 있는 왕립학회와 왕립천문학회는 일반상대성이론을 인류 역사상 가장 위대한 업적 중 하나라고 발표했지.

이후 아인슈타인은 세계적으로 유명해졌으며, 1921년에 '광전 효과에 관한 연구'로 노벨 물리학상을 받았어. 그리고 시간과 공간이 절대로 바뀔 수 없다는 생각을 뒤바꾼 상대성이론은 세상을 보는 방법을 바꾸어 놓았지.

미국으로 건너가 평화 운동을 하다

1932년에 히틀러가 독일 수상이 되자 전쟁을 반대하던 아인슈타인은 독일에 더 머물 수가 없었어. 그래서 1935년 미국으로 이민을 가서 프린스턴대학교의 교수가 되었어.

제2차 세계대전이 일어난 후 아인슈타인은 과학자들이 자신이 발견한 이론을 이용해 원자폭탄을 개발하고 있다는 소식을 들었어. 아인슈타인

▲ 원자폭탄

◀ 제2차 세계대전 때 일본 나가사키에 원자폭탄이 터지면서 버섯 모양의 구름을 만들고 있다.

은 루스벨트 대통령(미국의 제32대 대통령)에게 원자폭탄이 얼마나 위험한지를 경고하는 편지를 보냈지.

이 편지를 받은 미국은 아인슈타인의 의도와는 달리, 비밀리에 원자폭탄을 만들었고 1945년 일본에 투하했어. 아인슈타인은 원자폭탄을 만드는 데 참여하지는 않았지만 과학자로서 이에 대해 책임을 느꼈어. 그래서 죽을 때까지 세계 평화를 위해 노력했고, 원자폭탄을 만드는 걸 막기 위해 세계 정부를 세우자는 제안을 하기도 했지.

상대성이론 발견 후 아인슈타인은 우주의 모든 힘을 하나의 힘으로 설명하는 통일장 이론을 발견해 우주에 있는 모든 것이 어떻게 작동하는지 설명하고 싶어했어. 하지만 완성하지 못하고 1955년 4월 18일 세상을 떠났어.

질문을 마음속에서 키우면서
혼자 힘으로 답을 찾았어

이휘소

"자, 들어가시죠."

선생님이 과학실 문을 여는 소리에 나는 발을 멈추었어. 내로라하는 세계 유명 과학자들 앞에서 강연할 때도 떨리지 않았었는데 왜 이렇게 떨릴까?

"여러분, 오늘 일일 선생님을 맡아 주실 이휘소 박사님이에요."

"안녕하세요!"

"안녕! 만나서 반가워. 나도 중학교 때 과학반이었지."

"와, 정말요?"

내가 과학반이었다고 하자 아이들은 그제야 긴장을 풀고 웃으면서 날 바라봤어.

"전 과학반 반장 김준수예요. 그럼, 박사님은 중학교 때부터 과학을 좋아하셨나요?"

"초등학교 5학년 때였지. 웅변대회에서 받은 상금으로 현미경을 사서 머리카락, 양파 껍질 등 눈에 띄는 건 뭐든 관찰했단다. 공부방 한쪽에 실험실도 있었지."

"집에 실험실이 있다니! 이야, 정말 부럽다."

지금도 아이들이 부러워할 정도니 그 당시에는 두말하면 잔소리였지.

"전 한현명인데요, 박사님은 무얼 연구하시나요? 물리학이 뭐예요? 어떻게 하면 박사님처럼 과학을 잘할 수 있죠? 그리고……."

"으, 대체 질문을 몇 개를 하는 거야!"

맨 앞에 앉아 있는 안경을 낀 아이가 쉼 없이 질문하자 아이들은 짜증스런 얼굴로 웅성거렸어.

꼭꼭 질문을 마음에 품고 책을 읽었어

"하하하. 질문이 많다는 건 호기심이 많다는 거야. 호기심은 생각의 첫걸음이거든. 하지만 질문을 무조건 쏟아 놓는 건 좋지 않아."

"박사님! 그럼, 궁금한 게 있으면 어떻게 하죠? 궁금한 건 참을 수 없는데……."

현명이가 고개를 갸웃거리면서 물었어.

"어렸을 때 나도 질문을 끊임없이 했었어. 그런데 어머니는 한 번에 한 가지씩만 묻도록 하셨지. 처음엔 답답했지만 그렇게 하다 보니 질문을 곰곰 생각하게 되었어. 그다음에 어머니께서는 질문을 마음에 품는 게 중요하다고 말씀하셨지. 스스로 답을 찾으려 노력하지 않고 질문을 쉽게 하면 그만큼 궁금증이 가볍게 느껴지거든. 하지만 질문을 마음에 품으면 마음속에서 질문이 점점 커져. 그러면 '왜? 어떻게? 이건 뭐지? 그래서?'라고 계속 질문을 하게 되고, 스스로 답을 찾으려 노력하게 되지."

"그렇다면 질문을 마음에 품기만 하면 답이 떠오르나요?"

"어머니께서는 스스로 답을 찾으려면 책을 읽어야 한다고 말씀해 주셨지. 그때부터 난 책에 빠져서 살았어. 특히 신기한 과학 이야기가 가득한 어린이 과학 잡지를 좋아했어."

"그럼, 책에서 질문에 대한 답을 다 찾으셨나요? 그리고…… 읍!"

현명이가 또다시 질문을 연달아 하자 옆 친구가 현명이의 입을 손바닥으로 막았어.

"모두 찾지는 못했어. 책을 읽으면 읽을수록 질문이 꼬리에 꼬리를 물면서 생겨났거든. 하지만 이런 질문은 책을 더 많이 읽고 생각을 깊이 하게 했지."

"책을 읽으면 질문에 대한 답을 찾을 수도 있고, 새로운 질문도 찾을 수 있는 거네요."

골똘히 생각에 잠긴 얼굴로 과학반 반장, 준수가 이렇게 말했을 때 난 깜짝 놀랐어. 어머니가 내게 해 주셨던 말씀과 같았거든.

"맞아. 달 모양이 왜 바뀌는지 궁금증을 가지고 과학책을 읽는다고 해 봐. 달 모양의 변화 등을 생각하면서 더욱 꼼꼼히 읽겠지? 그러면 달이 지구 주위를 한 달에 한 번 돌기 때문에 모양이 바뀐다는 걸 알게 되고, 그러고 나면 왜 달은 지구 주위를 돌까 자연스럽게 또 다른 호기심이 생기지. 그렇게 책을 읽으면서 자연스럽게 새로운 질문을 찾았어."

그때 유리 깨지는 소리에 모두들 깜짝 놀랐어. 남자아이 둘이 장난을 치다가 책상 위에 있는 실험 기구를 떨어뜨렸거든.

"이 녀석들! 박사님 말씀을 안 듣고 장난을 쳐!"

과학 선생님이 불호령을 내리자 아이들은 얼굴이 벌게져서 고개를 푹 숙였어.

"하하. 나도 공부 시간에 친구와 장난을 치다가 선생님께 혼난 적이 많았단다."

내 말에 아이들도 아이들이지만 과학 선생님이 더 놀라는 눈치였어.

"책 읽는 게 습관이 되다 보니, 교과서도 혼자서 미리 공부하게 되더라고. 그래서 수업시간에 집중을 안 하고 친구랑 딴짓을 하곤 했었지. 하지만 미리 공부하는 습관 덕분에 다른 아이들보다 먼저 교과 과정을 단축해서 검정고시로 대학교에 입학하게 되었단다."

"와, 영재셨나 봐요. 영재들은 종종 어린 나이에 대학을 다니잖아요. 아빠 말씀이 물리학은 무지 어렵다던데……. 사실은 저도 물리학을 공부하고 싶거든요."

준수가 나를 부러운 눈빛으로 바라보았어. 내가 보기에는 벌써부터 무얼 공부하고 싶은지 정한 준수가 더 대단해 보였어.

다른 사람의 이론을 모두 이해한 다음 내 생각을 덧붙였어

"처음부터 물리학을 공부한 건 아니야. 화학공학과에 들어갔지만 물리학이 좋아서 혼자서 공부했거든. 그러던 어느 날 외국인이 쓴 물리학 책에서 계산이 잘못된 걸 발견했어. 그래서 확인해 보고 싶은 마음에 책을 쓴 미국 물리학자에게 편지를 보냈지. 곧 답장이 왔는데, 잘못을 지적해 줘서 고맙고 열심히 공부하기를 바란다고 쓰여 있었어."

"이야, 박사님도 대단하시고, 거기에 답을 해 준 물리학자도 너무 멋져요."

준수는 마치 자기가 답장을 받은 것처럼 기뻐했어.

"난 그 답장에 자신감이 생겨서 더 열심히 물리학을 공부하기로 마음먹었지. 하지만 학교에서는 물리학과로 바꾸는 것을 허락하지 않았어."

"그래서요? 어떻게 하셨어요?"

그때를 생각하면 지금도 가슴이 답답해져. 어떻게 해야 하나 고민이 많앉거든.

"하지만 뜻이 있는 곳에 길이 있다는 말이 딱 들어맞았지. 미국공군장교부인회에서 후원하는 유학생으로 뽑혀서 마이애미대학교에서 물리학을 공부할 수 있었거든. 그리고 대학을 졸업한 다음 대학원에 입학해서 소립자 물리학을 계속 공부했지."

"소립자요? 그게 뭔데요?"

"물질을 이루는 아주 작은 알갱이를 말해. 그러니까 소립자 물리학은 우주를 이루는 가장 기본이 되는 알갱이가 무엇이고, 이들이 어떻게 서로 영향을 주고받는지를 연구하는 학문이지."

"어라? 책에서 종이, 물, 돌 같은 걸 쪼개고 쪼개면 원자가 된다고 읽었는데."

준수가 가방에서 책을 꺼내 뒤적이면서 말했어.

"예전에는 그랬지. 하지만 과학자들이 원자 가운데에는 원자핵이 있고 이 주위를 전자가 돌고 있다는 걸 알아냈어. 태양 주위를 지구가 빙글빙글 도는 것처럼 말이야. 그리고 원자핵을 쪼개면 중성자와 양성자로 나뉘고, 중성자와 양성자는 쿼크라는 더 작은 알갱이로 이루어져 있다는 것도 알아냈지."

"아하! 바위가 쪼개지면 돌멩이가 되고, 돌멩이가 쪼개지면 자갈이 되고, 자갈이 쪼개지면 모래가 되는 거랑 비슷하네요."

난 칠판에 그림을 그리면서 설명했어. 역시 난 물리 이야기를 할 때가 가장 신이 난다니까.

"대학원에 들어가자마자 혼자서 책과 중요한 연구 논문을 빠짐없이 읽으면서 무얼 연구할까 고민했지. 난 모든 새로운 이론과 주장을 검토하면서 모르는 부분이 나오면 책을 샅샅이 뒤져서 기어코 알아냈어. 내가 모르는 건 아무도 몰라야 하고, 남이 아는 건 나도 알아야 한다는 각오로 말이야."

"와! 그럼, 물리에 관한 거라면 모르는 게 없으셨겠네요?"

"책 내용을 이해하는 것보다 더 중요한 건 다른 사람의 의견이나 이론에 자기 생각을 덧붙이는 거야. 난 논문을 꼼꼼히 읽으면서 내 생각을 덧붙이고, 내가 한 생각이 맞는지 책이나 논문을 통해 다시 검토해 보면서 공부했어."

팬티가 썩을 만큼 꼼짝 않고 문제를 끈질기게 풀었어

"박사님, 소립자는 우리 눈에 보이지 않는 알갱이인데 어떻게 연구를 할 수 있죠?"

"소립자를 입자가속기*라는 장치에 넣고 1초에 지구를 일곱 바퀴 도는 속도로 빠르게 회전시켜."

입자가속기 전자나 양성자 같은 입자를 강력한 전기장 속에서 가속시켜 운동 에너지를 크게 만들어 주는 장치

"이야, 롤러코스터보다도 짜릿하겠는걸요?"

"과연 그럴까? 소립자들을 회전시키면 서로 마구 부딪치거든. 그러면서 여러 가지 현상이 일어나는데, 이걸 사진으로 찍어서 연구한단다. 하지만 나처럼 이론적으로 연구하는 사람은 소립자 사이에 작용하는 힘이나 소립자가 가진 에너지를 계산으로 알아내. 그러니까 내가 하는 일은 끊임없이 계산하는 거지."

"계, 계산이라고요?"

계산이라는 말에 현명이는 생각만 해도 머리가 아프다는 듯 진저리를 쳤어.

"답이 있는 문제를 푸는 건 그래도 괜찮아. 하지만 새로운 걸 발견하려면 아무도 풀어 보지 않은 문제를 스스로 찾아서 풀어야 해. 게다가 언제 풀릴지도 모르는 문제를."

"에이, 아무리 복잡한 수학 문제라도 꾹 참고 풀면 하루도 안 걸리는데. 너무 뻥이 심하신 거 아니에요?"

"내가 푸는 문제는 덧셈, 곱셈 문제가 아니란다. 여러 가지 공식, 미분, 적분 등으로 계산해서 새로운 걸 증명하는 거야. 그래서 어떤 문제는 노트 한 권을 다 써서 풀기도 하고, 또 어떤 문제는 몇 달이 걸려서 풀기도 했어. 그럴 땐 화장실에 갈 때 말고는 며칠씩 꼼짝 않고 책상 앞에 앉아서 끈질기게 문제에만 매달렸어. 그래서 연구소 사람들이 밤낮없이 앉아서 계산만 한다고 '팬티가 썩은 사람'이라고 부르기도 했다니까."

"말만 들어도 구린 냄새가 폴폴 나는 것 같은데요. 하하하."

아이들이 팬티 이야기에 책상을 치며 웃어 댔어.

"이건 비밀인데, 하도 앉아 있어서 엉덩이에 부스럼이 난 적도 있었어. 사실 어렵고 지루한 문제를 풀 때는 나도 힘들어. 하지만 어려운 문제일수록 풀고 나면 더 기쁘지. '참 쿼크'*의 질량을 계산했을 때도 그랬어."

"참 쿼크요? 참기름에 들어 있는 입자인가? 헤헤."

"참(charm)은 영어로 '맵시'라는 뜻이야. 그래서 맵시 쿼크라고도 부르지. 1960년 대 초 겔만*과 츠바이그는 원자를 이루는 양성자와 중성자는 쿼크로 이루어져 있고, 쿼크에는 위(업) 쿼크, 아래(다운) 쿼크, 기묘(스트레인지) 쿼크가 있다고 주장했어. 그 뒤 글래쇼*는 이들의 주장처럼 쿼크가 모여 원자를 이루려면 참 쿼크가 있어야 한다고 주장했지. 난 참 쿼크가 있다는 걸 확신하고, 참 쿼크의 질량을 계산하면 이걸 밝힐 수 있다고 생각했어. 그래서 여러 번 도전한 끝에 1974년 여름, 참 쿼크의 질량과 평균 수명을 계산해 냈지. 그해 가을, 과학자들은 이것을 바탕으로 실험해 마침내 참 쿼크를 발견했어. 이 발견은 물리학계에서 11월의 혁명으로 불릴 정도로 대단한 발견이었단다."

"와! 정말 대단하세요!"

내 말이 끝나자 과학반 선생님과 아이들은 자기 일처럼 기뻐하며 박수를 쳤어. 몸은 미국에 있었지만 고국에 대한 관심을 한시도 버리지 않았

참 쿼크(charm quark) 6가지 쿼크(꼭대기 〉 바닥 〉 맵시 〉 기묘 〉 아래 〉 위) 가운데 세 번째로 무거운 쿼크
M. 겔만 1929년~. 미국의 이론물리학자. 1969년 노벨 물리학상을 수상했다.
셸던 리 글래쇼 1932년~. 미국의 물리학자. 1979년 노벨 물리학상을 수상했다.

었는데, 이렇게 고국에서 아이들에게 칭찬을 받으니 다른 누구에게 칭찬을 받았을 때보다 더 감격스럽군.

"고마워! 하지만 난 그리 대단한 사람은 아니야. 그냥 호기심을 가지고 끊임없이 조각 퍼즐 맞추기에 도전했을 뿐이야."

"조각 퍼즐 맞추기요? 그거라면 저도 잘해요!"

"하하. 물리학을 연구하는 게 자연의 비밀이 담긴 조각 퍼즐을 맞추는 것과 같다는 말이야. 조각 퍼즐을 맞춰서 찾아낸 자연의 비밀은 대대손손 이어지는 소중한 유산이지. 그래서 비록 내가 조각 퍼즐을 맞췄다는 건 잊혀져도 자연의 비밀을 찾았다는 것만으로도 큰 의미가 있어."

어느새 진지한 표정으로 변한 아이들을 보니, 가슴이 희망으로 가득 찼어. 반짝반짝 아이들의 눈빛이 빛나는 한 고국의 미래는 밝을 테니까!

번뜩이는 이휘소의 뇌 들여다보기

난 핵무기를 만드는 핵물리학자가 아닌데……. 사람들이 오해해서 속상해.

문제가 풀리지 않을 때 '실패도 정답을 찾아가는 과정'이라는 에디슨의 말이 큰 힘이 되었어.

중성자와 **양성자**를 결합해 주는 **중간자**라는 입자의 질량을 계산해, 중간자가 왔다 갔다 하면서 둘을 강하게 묶어 주는 힘의 크기를 알아냄.

아직 발견되지 않은 **소립자**를 발견하고 싶음.

게이지 이론을 완성해 통일장 이론을 연구하는 데 기여함.

세상에서 가장 작은 알갱이 중 하나인 **참 쿼크**! 눈에 보이지 않는 그 작은 알갱이의 질량과 평균 수명을 계산함.

어떻게 하면 한국의 과학 발전에 도움을 줄 수 있을까 고민함.

벤저민 프랭클린을 존경해서 미국 이름을 '벤저민 리'라고 지었지.

보고 싶어요, 어머니!

이휘소 박사님이 과학반에 일일 선생님으로 왔다 간 후 과학자의 꿈을 품게 된 준수예요. 저도 박사님처럼 끈기 있게 과학 탐구를 하려고요.

이휘소 박사님의 머릿속에는 온통 우주의 비밀을 풀기 위한 생각으로 꽉 차 있네요. 자연에는 중력, 전자기력, 강한 핵력, 약한 핵력 이렇게 네 가지 힘이 있는데 물리학자들은 오래전부터 이 네 가지 힘을 하나의 힘으로 설명하고 싶어했죠. 이것을 통일장 이론이라고 하는데, 1967년에 와인버그와 살람이라는 과학자가 네 가지 힘 중 전자기력과 약한 핵력이 하나의 힘이라는 걸 밝혀냈대요.

박사님은 이 설명을 증명하는 데 필요한 '게이지 이론'이 가지고 있던 문제를 해결해, 통일장 이론을 연구하는 데 기여했어요. 그런데 그거 아세요? 아인슈타인 박사님도 통일장 이론을 완성하는 게 꿈이었대요.

원자 안에는 원자핵 주위를 전자가 돌고 있고, 원자핵은 중성자와 양성자로 이루어져 있어요. 중성자와 양성자는 다시 쿼크라는 소립자로 이루어져 있지요. 박사님은 쿼크의 한 종류인 참 쿼크의 질량과 평균 수명을 계산해 참 쿼크를 발견하는 데 결정적인 역할을 했어요.

살아 계셨다면 한국인 최초로 노벨 물리학상을 받았을 텐데……. 그렇지만 기대하세요. 제가 그 꿈을 이룰 테니까요!

찰칵! 이휘소가 살아온 길

실험을 좋아하는 아이

이휘소는 1935년 1월 1일에 서울 원효로에서 태어났어. 부모님은 모두 의사였는데, 이휘소는 활달하고 자상한 어머니와 어렸을 때부터 이야기를 많이 나누었어. 이휘소는 초등학교 때부터 책 읽기에 열중했는데, 친구 집에서 빌려 본 과학 잡지는 이휘소를 사로잡았지.

이휘소
(1935~1977년)

1948년에 경기중학교에 들어간 이휘소는 화학반에서 활동하면서 과학 실험을 아주 열심히 했어. 어머니가 일하시던 병원 2층의 공부방에서 현미경으로 관찰도 하고, 여러 가지를 실험했지.

한국전쟁이 나서 피난을 간 이휘소는 부산에 임시로 문을 연 경기중학교를 다녔어. 아버지가 사고로 돌아가신 후 1952년에 검정고시로 서울대학교 화학공학과에 들어갔어. 대학에서 이휘소는 물리학에 흥미를 느끼고 물리를 공부하고 싶었지만 과를 옮길 수가 없었어. 하지만 미국공군부인회에서 선발하는 장학생으로 뽑혀 미국으로 물리학을 공부하러 가게 되었지.

밤낮없이 끈질기게 연구했던 연구벌레

1955년 이휘소는 미국 마이애미대학교 물리학과 3학년으로 들어가서, 일등으로 졸업했어. 그리고 1956년에 장학금을 받고 피츠버그대학교 대학원에 입학했어. 대학원에서 소립자 물리학을 공부하기로 한 이휘소는 석사 학위를 받고 펜실베이니아대학교로 옮겨서 박사 과정에 들어갔지. 그리고 박사 과정 중에 쓴 논문과 박사 학위 논문이 세계적인 물리 학술지인 「물리평론」에 실리면서 주목 받기 시작했어.

이휘소는 1961년에 펜실베이니아대학교 교수가 되었고, 아인슈타인이 있었던 프린스턴 고등연구소에서 연구원으로 일하게 되었어. 이곳에서 이휘소는 오로지 연구에만 몰두했어. 그래서 '팬티가 썩은 사람'이라고 불렸고, 연구소장이었던 오펜하이머는 어렵고 지루한 계산을 끝까지 파고드는 유일한 학자라고 칭찬했어.

1962년 이휘소는 말레이시아 출신의 중국인 심만청(미국 이름은 마리안)과 결혼했고, 그해 7월에는 동양 사람으로는 처음으로 국제 물리학회에 미국 대표 중 한 명으로 참석했어.

세계적인 물리학자가 되다

1965년 이휘소는 프린스턴 고등연구소에서 같이 연구하던 양전닝 박사에게서 뉴욕주립대학교에서 함께 일하자는 제안을 받았어. 양전닝은 1957년에 노벨 물리학상을 받은 세계적인 물리학자야.

페르미연구소에 설치된 입자가속기, 테바트론

뉴욕주립대학교 교수로 있으면서 이휘소는 프랑스와 일본 등에서 연구와 강의를 했어. 1970년에 이휘소는 강연을 하러 갔다가 토프트*라는 과학자와 '게이지 이론'에 관해 이야기를 나누게 돼. 그 후 이휘소는 곧바로 연구에 몰두해 게이지 이론의 문제점을 해결해 그 이론을 완성했어.

이론과 실험을 함께 연구해야 된다고 생각하던 이휘소는 1973년에 시카고대학교 교수 겸 페르미연구소 이론물리학 부장으로 자리를 옮겼어. 그리고 1974년에는 글래쇼가 주장한 참 쿼크의 질량을 계산해 참 쿼크가 존재한다는 걸 예견했지. 게이지 이론의 완성과 참 쿼크 연구로 이휘소는 노벨 물리학상 후보로 이야기될 만큼 유명한 물리학자가 되었어.

헤라르뒤스 엇호프트(토프트) 1946년~. 네덜란드의 물리학자. 소립자 물리학의 통일 이론을 세우는 데 크게 기여하여 1999년 노벨 물리학상을 받았다.

한국의 과학 발전을 위해 애쓰다

1974년 이휘소는 조국의 과학 발전을 위해 20여 년 만에 고국 땅을 밟았어. 우리나라가 미국에 요청한 기초 과학 발전에 필요한 돈을 빌려 주어도 좋을지 알아보는 미국 조사단으로 온 거지.

이때 빌린 돈으로 마련한 연구 시설, 실험 기구와 장비는 우리나라 대학교의 과학 교육 발전에 바탕이 되었어. 또한 이휘소는 우리 과학자들이 고에너지 실험물리학 분야에서 국제 공동 연구에 참여할 수 있도록 힘쓰기도 했어.

미국으로 돌아와 연구를 계속하던 이휘소는 1977년 6월 16일 페르미 연구소 연구 심의회에 참석하기 위해 콜로라도 주로 가던 중 교통사고로 죽었어. 너무나 갑작스럽고 안타까운 죽음이라 핵무기와 관련해서 살해되었다는 소문도 있었어. 하지만 이휘소는 핵물리학자도 아니었고 핵무기를 만드는 것을 반대했어.

이휘소는 살아 있는 동안 140여 편이나 되는 논문을 썼으며, 그가 쓴 「게이지 이론」과 「참 쿼크의 탐색」 같은 논문은 지금도 세계의 물리학자들에게 꼭 읽어야 할 교과서와 같아. 이휘소는 1977년 국민훈장 동백장을 받았고, 2006년 한국과학기술한림원에서 운영하는 '한국과학기술인 명예의 전당'에 헌정되었어.

찰스 다윈

기록하지 않는 건 남지 않아! 우리가 보거나 생각하는 건 그 순간이 지나면 곧 잊혀져. 그래서 기록하지 않으면 나중에 기억에 남지 않아. 특히 관찰할 때는 일기를 쓰듯이 관찰 내용뿐만 아니라 느낌을 쓰고, 내용을 종합해 분석하고, 다른 사실과 비교해서 기록하면 좋아. 내가 쓴 관찰 일기처럼 말이야. 그러면 관찰할 때 더 자세하게 보게 될 뿐만 아니라 생각하는 능력과 상상력도 풍부해지지. 혹시 아니? 열심히 관찰 일기를 쓰다 보면 나처럼 역사에 길이 남을 책을 낼 수 있을지도.

바버라 매클린톡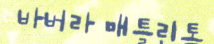

마음의 눈으로 자연을 보렴! 우리 눈은 빛 가운데 가시광선밖에 볼 수 없고, 크기가 아주 작은 생물은 보지 못해. 우리가 눈으로 볼 수 있는 세상보다 볼 수 없는 세상이 더 많다는 얘기지. 하지만 마음의 눈으로 보면 보이지 않는 세상을 볼 수 있어. 생물을 관찰할 때도 마찬가지야. 마음을 다해 생물을 보면서 함께 느낌을 나누면 그 생물과 하나가 될 수 있어. 그러면 보이지 않는 것도 볼 수 있지. 옥수수와 하나가 되었던 나처럼 말이야.

2장
꼼꼼, 관찰력이 센 눈을 가진 과학자들과의 인터뷰

석주명

목표를 정하고 10년 동안 한 우물을 파 봐! 산속에 오솔길이 생기려면 오랜 세월 동안 수많은 사람들이 같은 길을 다녀야 해. 이와 마찬가지로 뭐든 한 가지 목표를 정하고 꾸준히 노력해야 그 분야에서 우뚝 설 수 있어. 내가 우리나라 나비를 모두 정리할 수 있었던 것도 20년 동안 우리나라 나비만 채집하고 연구했기 때문이야.

관찰한 걸 자세히 기록하고
내 생각과 느낌을 적었어

찰스 다윈

샘 헴헴, 여기는 남아메리카 북서쪽에 있는 에콰도르 앞바다, 태평양에 있는 갈라파고스 제도입니다. 이곳은 다윈 박사님이 진화의 비밀을 밝히는 데 결정적 역할을 한 곳이지요. 제가 여기 온 이유도 다윈 박사님을 만나기 위해서예요. 앗! 저기, 다윈 박사님이시군요. 다윈 박사님! 윽, 으아악!

다윈 애고, 깜짝이야! 누가 이 조용한 섬에서 소리를 지르는 거냐?

샘 죄, 죄송해요. 뛰어오다가 바위를 밟았는데, 뭉클해서 보니 시꺼먼 동물이 쫙 깔려 있잖아요. 어찌나 놀랐는지……

다윈 하하하, 바다이구아나를 밟았구나. 녀석들이 바위랑 색깔이 비슷해서 바위에 착 달라붙어서 햇볕을 쬐고 있으면 바위인지 아닌지 헷갈리곤 해.

샘 으아악!

다윈 애고, 또 깜짝이야! 아니, 이번엔 뭐냐?

샘 아까부터 엄청 큰 거북이 계속 박사님이랑 절 쫓아오잖아요.

다윈 코끼리거북은 우릴 쫓아오는 게 아니라 물을 먹으러 꼭대기에 있는 샘으로 가는 거야. '갈라파고스'가 에스파냐 말로 '거북'을 뜻한다는 건 알고 있겠지?

샘 네? 다, 당연히 그쯤이야 알죠. 야, 저리 가! 저쪽으로 가란 말이야.

다윈 훗훗, 아무리 발을 굴러 봐라. 꿈쩍도 안 할걸? 코끼리거북은 옆에 다가가도 전혀 소리를 듣지 못하거든.

샘 섬이 온통 시꺼먼데다가 덤불뿐이라 실망했는데, 신기한 동물이 많네요?

다윈 그래, 나도 처음 이 섬에 왔을 때 너무나 황량해서 기기묘묘한 생물이 가득하리라곤 상상도 못 했지. 그 생물들 덕분에 진화의 비밀을 밝혀내리라고는 더더욱 상상도 못 했고.

샘 그런데요, 대체 진화가 뭐예요?

요것 저것! 모으면서 차이를 구별하는 눈이 생겼어

다윈 진화를 점점 나아지거나 간단한 모양에서 복잡한 모양으로 되는 거라고 생각하는 사람이 많아. 그래서 다리가 없는 동물보다 다리가 있어서 걸을 수 있는 동물이 더 발달했다고 생각하지. 하지만 개구리보다 더 발달했다고 여겨지는 뱀은 다리가 없잖아. 이처럼 생물이 퇴화하는 것도 진화라 할 수 있지. 진화는 백 년이 몇 천 번, 몇 만 번이나 지날 만큼 오랜 세월 동안 생물이 서서히 변해 가는 거거든. 사실, 내가 처음으로 진화를 주장한 건 아니야.

샘 네? 진화 하면 다윈 박사님, 다윈 박사님 하면 진화잖아요.

다윈 생물이 진화한다는 주장은 고대 그리스부터 있었어. 우리 할아버지, 에라스무스 다윈도 진화를 주장했지.

샘 아하, 박사님이 진화를 연구하신 게 다 할아버지의 영향이었군요.

다윈 그럴지도 몰라. 하지만 그 당시 진화론으로 유명했던 과학자는 라마르크라는 프랑스 동물학자였어. 라마르크는 생물이 환경에 적응하려고 애쓰기 때문에 진화가 일어난다고 했어.

샘 와, 정말 여러 사람이 진화론을 주장했었군요. 그런데도 왜 다윈 박사님을 진화론의 창시자라고들 하는 거죠?

다윈 내가 처음으로 관찰과 실험을 통해 얻은 과학적인 증거를 가지고 진화를 설명했기 때문이야. 공부는 잘 못해도 관찰에는 소질이 있거든.

샘 에이, 너무 겸손하신 거 아니에요?

다윈 아냐. 기숙학교에 다닐 때 시를 아무리 외워도 이틀도 되지 않아 까먹곤 했어. 그러다 보니 학교를 졸업할 즈음 성적이 중간도 되지 않았지. 아버지께서 사냥을 하고 개나 돌보고 쥐를 잡는 나를 보며 집안의 망신거리가 될 거라는 말씀까지 하실 정도였어.

샘 세상에! 그런 심한 말씀을 하시다니, 엄청 속상하셨겠어요.

다윈 지금 생각해 보면 아버지께서 화가 나실 만도 했어. 아무튼 어렸을 때부터 난 공부보다는 숲이나 강으로 돌아다니면서 조개껍데기나 돌멩이, 곤충, 새알 같은 걸 모으는 걸 좋아했어. 대학교 때는 딱정벌레를 채집하는 데 푹 빠졌었고.

샘 와, 대단한 수집가셨군요.

다윈 내가 좀 집요한 구석이 있지. 한번은 이런 일이 있었어. 딱정벌레 사냥을 나갔다가 희귀종 두 마리를 잡았지. 난 너무 기뻐서 양손에 한 마리씩 잡고 돌아오다가 또 한 마리를 발견했어. 빈손은 없고, 놓치기는 싫고 하는 수 없이 오른손에 있던 딱정벌레를 입에 넣고 다른 한 마리를 잡았지. 하지만 입에 넣은 딱정벌레가 쓴 액체를 뿜어 대는 바람에 뱉을 수밖에 없었어. 결국 놓치고 말았지.

샘 우왝. 벌레를 입에 넣다니! 전 아무리 딱정벌레를 잡고 싶어도 그렇게는 못 할 것 같아요. 그래서 박사님을 괴짜라고 부르나 봐요. 벌레를 잡아먹는 식충식물을 연구할 때는 식충식물에게 고기도 먹였다면서요?

다윈 하하하. 식충식물이 어떻게 소화를 시키는지 알아보려고 그랬지. 관찰을 하면 주위의 모든 것에 관심을 갖게 되고, 그러다 보면 자연히 호기심도 커지고 이것저것 실험하면서 관찰하게 된단다. '인간과 동물의 감정 표현'에 대해 연구할 때는 갓 태어난 아들이 요람 안에서 웃고 우는 모습부터 관찰을 시작했어. 그리고 식사 때도 사람들의 표정을 관찰하느라 음식이 코로 들어가는지 입으로 들어가는지 모를 정도였지.

샘 우아, 박사님을 누가 말려요! 그런데 박사님, 저도 곤충 채집에 관심이 많은데요, 그냥 많이 모으기만 하면 되는 건가요?

다윈 무슨 소리! 만약 딱정벌레를 모은다면 크기, 뿔 모양, 몸 색깔 등을 꼼꼼히 관찰해야 해. 그래야 딱정벌레를 봤을 때 어떤 딱정벌레인지, 이미 수집한 딱정벌레인지 알 수 있거든. 그래서 수집을 하면 아주 작은 차이도 구별할 수 있게 되지.

샘 아하! 그렇게 수집과 관찰을 하나가 생물을 공부하게 된 거군요.

다윈 아니, 처음부터 생물을 공부하지는 않았어. 난 의사인 아버지 뜻에 따라서 의과 대학을 다니다가 수술 실습 시간이 괴로워 의사의 길을 포기했어. 이후 성직자가 되려고 신학 대학에 들어갔지.

샘 하고 싶은 일을 찾기까지 우여곡절이 많으셨군요.

다윈 그러게나 말이다. 적성에 안 맞는 공부를 하려니 힘들었던 거지. 아무튼 난 통 학교 공부에는 흥미가 없었어. 대신 자연 과학 공부에 열중했지. 친구들과 바다 생물을 관찰하거나 채집해 해부하기도 하고,

새를 박제하기도 했거든. 신학 대학에 다닐 땐 식물학을 연구하는 교수에게서 식물과 동물에 대해 배웠고 지질 탐사도 다녔지. 이런 경험은 비글호를 타고 탐사할 때 많은 도움을 주었어.

아주 자세하게 관찰 내용을 기록했어

샘 아, 비글호! 배를 타고 세계 곳곳을 탐사하다니, 너무 부러워요!

다윈 탐사가 멋진 일만은 아니야. 배를 타는 동안에는 뱃멀미를 하고, 안데스 산맥을 넘을 땐 왕빈대한테 엄청 물렸거든. 그뿐인 줄 아니? 폭풍 때문에 표류하기도 하고, 브라질에서는 혁명군에게 포로로 잡히기도 했어.

샘 그, 그만이요. 더 들으면 탐사를 하고 싶다는 꿈이 싹 사라질 것 같아요.

다윈 하지만 진귀한 식물과 새, 곤충으로 가득한 브라질 열대 숲을 보았을 때 모든 고생을 싹 잊고 말로 표현할 수 없는 감동을 느꼈지. 비글호는 5년여 동안 남아메리카를 거쳐서 오스트레일리아, 남아프리카를 항해하면서 여러 곳에 들렀어. 난 그때마다 육지에 내려서 화석과 동물, 식물을 채집했어.

샘 이야, 멋진 풍경도 보고 좋아하는 수집도 하다니. 꿩 먹고 알 먹는 거네요.

다윈 취미로 수집하는 거랑은 달라. 비글호에는 자연 과학자가 나뿐이었거든. 그래서 가능한 한 많은 종류의 표본을 채집하고 동물과 식물, 화석, 지질을 관찰하고 기록해야 했지. 그런데 관찰한 내용을 쓰는 게 생각보다 쉽진 않더구나.

샘 그냥 생김새를 쓰면 되는 거 아니에요?

다윈 똑같은 새를 '파란색 새'라고 쓰는 거랑 '길이는 25cm, 부리는 노란색, 몸 색깔은 파란색, 꼬리는 옅은 노란색, 깃털은 길다'라고 쓰는 거랑, 어느 쪽이 더 새 모습이 머릿속에 쉽게 그려지겠니?

샘 당연히 두 번째죠!

다윈 그렇지! 난 어떤 사람이 봐도 그 동물이나 식물을 구별해 낼 수 있도록 자세히 기록했어. 내가 바다민달팽이를 관찰해서 쓴 걸 읽어 줄까? '길이가 약 12.7cm, 색깔은 자주색 줄이 있는 지저분한 누런색, 달팽이의 양쪽, 즉 발에는 넓은 막이 있는데 이 막은 때때로 등 쪽에 있는 아가미, 곧 허파로 물이 흘러가게끔 물 흐름을 일으키는 송풍기 구실을 한다.' 어때?

샘 우아, 바다민달팽이가 어떤 모습인지 머릿속에 그려지는데요? 그런데 글로 쓰는 것보다 그림으로 그리면 더 쉽지 않나요? 레오나르도 다빈치처럼요.

다윈 그림 실력이 워낙 형편없어서 말이야. 대신 글로 무엇을 먹는지, 어떤 행동을 하는지까지도 자세하게 기록했어. 그러다 문어한테 물세례를 맞기도 하고 가시복어를 손으로 만지다가 복어가 뿜은 액체에

손이 물들기도 했어. 난 이렇게 관찰한 내용을 매일 일기로 썼지.

샘 으으, 매일 일기를 쓰는 건 정말 싫은데…….

관찰한 걸 종합해서 분석하고 느낌을 적었어

다윈 나도 그랬어. 하지만 꾹 참고 관찰한 걸 책에서 읽은 내용과 내 생각들을 함께 종합해서 분석하고, 덧붙여 느낌도 적었지. 그러다 보니 생각하는 능력도 길러지고 더 정확하게 관찰하게 되더구나. 그렇게 5년 동안 쓴 관찰 일기가 노트로 무려 18권이나 돼. 아, 참! 항해 동안 읽었던 책, 『지질학 원론』도 있지. 내 가장 큰 스승이었거든.

샘 네? 어떤 책인데, 스승이라고까지 하세요?

다윈 『지질학 원론』은 라이엘이 쓴 책으로, 지구가 오랜 세월 동안 아주 느리게 땅이 솟거나 가라앉는 과정이 반복되면서 변화했다는 주장이 담겨 있어. 탐사를 하는 동안 여러 가지 화석을 관찰하면서 『지질학 원론』에 쓰인 말이 떠오를 때가 많았어. 그러면서 난 과거의 생물이 오랜 시간 동안 서서히 변해 왔다고 생각하게 되었단다. 그리고 이런 생각이 점점 커져 갈 즈음, 이곳 갈라파고스에 도착했지.

샘 아하, 그래서 갈라파고스에서 생물을 샅샅이 조사하신 거군요.

다윈 아냐. 처음에는 별 게 없어 보여서 설렁설렁 관찰했어. 그런데 신기하게도 섬 주민들은 거북의 등딱지 모양만 보고도 어느 섬에서 데려왔는지 척척 알아보는 거야. 갈라파고스는 여러 섬으로 이루어져 있는데, 각각의 섬마다 그 섬의 환경에 따라 생김새가 다른 거북이 살고 있었던 거야. 하지만 난 그 사실을 갈라파고스를 떠나기 전에야 알았지 뭐냐.

샘 네? 같은 종이면 모양도 같지 않나요?

다윈 나도 그 점이 이해가 되지 않았어. 그래서 영국에 돌아와 표본들을 분류하고 꼼꼼히 관찰해 보니, 갈라파고스에서 내가 가져온 새의 표본은 모두 핀치로, 부리가 조금씩 다른 종류였어.

샘 에이, 설마요. 다른 종류의 새였겠죠.

다윈 난 핀치가 오랜 세월 동안 각각 다른 섬에 살면서 섬에 있는 먹이를 먹는 데 알맞은 부리로 변했을 거라고 생각했어. 딱딱한 열매가 많은 섬에 사는 핀치는 부리가 크고 튼튼하게, 구멍 속에 벌레가 많은 섬에 사는 핀치는 부리가 길고 가느다랗게 말이야. 난 관찰 일기와 탐사하는 동안 모은 표본을 종합한 결과, 사는 환경에 따라 종이 변할 수 있다는 결론을 내렸지. 그리고 1837년부터 연구한 것을 쓰기 시작했어. 하지만 연구를 완성하기까지는 오랜 세월이 걸렸어.

샘 왜요?

다윈 좀 더 확실한 증거를 찾아내고 싶었거든. 난 사람들이 원하는 가축이나 식물을 만들기 위해 선택해서 교배를 하는 것처럼, 자연에서도 무언가가 새로운 종을 선택한다고 생각했어. 그게 뭘까? 그런데 그

답을 우연히 맬서스*가 쓴 『인구론』을 읽다가 찾았어. 바로 생존 경쟁을 통해서 자연에서 동물이나 식물이 선택된다는 거였어.

샘 힘이 센 동물이 약한 동물을 이겨서 살아남는다는 거죠?

다윈 그런 오해를 하는 사람이 많지. 늑대는 동물을 사냥해서 먹고 사는데, 늑대 먹이가 되는 동물은 꽤나 빠른 발로 제 몸을 지켜. 그런데 먹이를 구하기 힘든 때 환경이 변해서 빨리 달리는 사냥감 수가 늘거나 다른 사냥감이 갑자기 줄어든다면 어떤 늑대가 살아남을 가능성이 높을까?

샘 그야 당연히 빨리 달리는 늑대죠.

다윈 맞아, 가장 날쌘 늑대가 살아남을 가능성이 높아. 이게 바로 자연 선택이야. 이런 선택 과정을 거치면서 종이 서서히 변해 가는 거고. 난 20년이나 걸려서 알아낸 이런 사실을 1859년에야 『종의 기원』으로 펴냈어. 책이 출간되자 사람들의 반응은 대단했지.

샘 사람들의 반응이 어땠는데요?

다윈 앗! 저건 무슨 새지? 미안! 새가 날아가기 전에 얼른 가서 관찰해야 하거든. 관찰과 실험을 포기한다는 건 내 사전에는 있을 수 없는 일이니까.

샘 박사님, 어딜 가세요! 으으, 관찰쟁이 박사님은 아무도 못 말려.

토머스 맬서스 1766~1834년. 영국의 경제학자. 인구가 늘어날수록 식량 증가가 인구 증가를 따라잡을 수 없어서 빈곤과 악덕이 발생한다고 주장함.

반짝이는 다윈의 눈 들여다보기

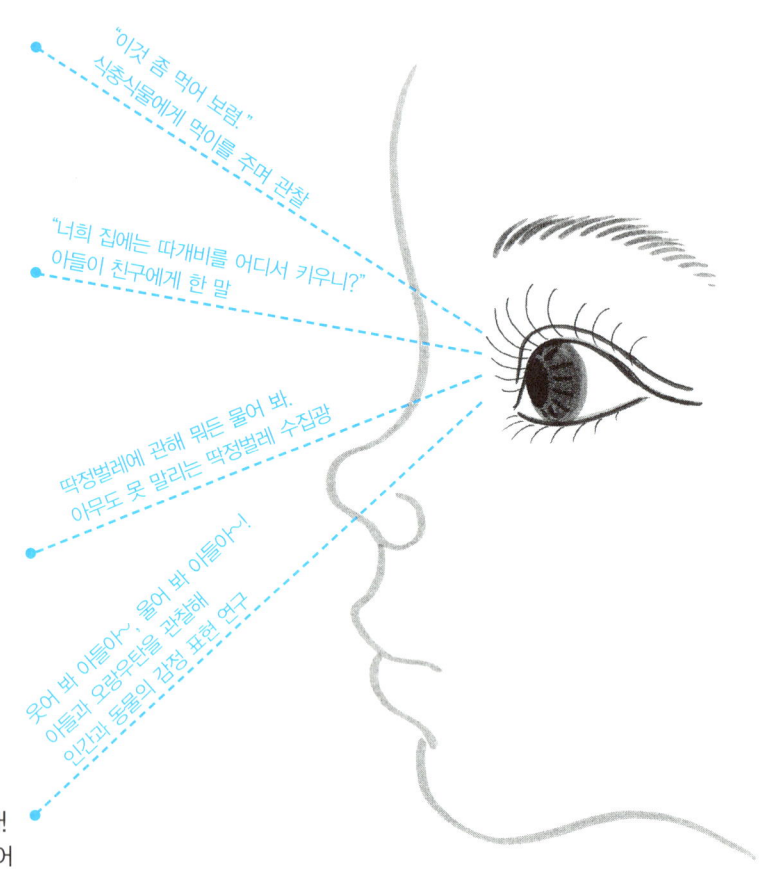

생물이 **자연 선택**을 통해 오랜 세월에 걸쳐 서서히 진화해 새로운 종이 탄생!

"이것 좀 먹어 보렴."
식충식물에게 먹이를 주며 관찰

산호섬의 비밀은?
오래된 산호초 위에 새로운 산호, 또 새로운 산호가 모여 살면서 만들어짐.

"너희 집에는 따개비를 어디서 키우니?"
아들이 친구에게 한 말

딱정벌레에 관해 뭐든 물어 봐.
아무도 못 말리는 딱정벌레 수집광

지구상에 있는 모든 생물은 하나의 뿌리와 줄기에서 뻗어나간 나무처럼 **생명의 나무**를 이루고 있어.

웃어 봐 아들아~, 울어 봐 아들아~!
아들과 오랑우탄을 관찰해 인간과 동물의 감정 표현 연구

지렁이는 자연계 제1의 정원사!
지렁이가 땅을 기름지게 만들어 식물이 잘 자라게 해 줌.

안녕하세요, 전 생물학자를 꿈꾸며 열심히 자연을 관찰하는 샘이에요. 다윈 박사님처럼 꼼꼼히 관찰하고 기록하려고 마음먹었는데, 일기 쓰기를 엄청 싫어해서 쉽지가 않네요. 매의 눈처럼 날카롭게 관찰하는 다윈 박사님은 어떤 것들을 눈에 담았는지 한번 살펴볼까요?

다윈 박사님은 비글호를 타고 5년여 동안 남아메리카, 오스트레일리아, 남아프리카를 탐사하면서 동물과 식물, 화석 표본을 채집하고 관찰한 내용을 자세하게 기록했어요. 그리고 관찰 기록을 종합하고 분석해서 자연 선택에 의한 진화론을 발표했지요.

다윈 박사님은 풍부한 호기심과 뛰어난 관찰력만큼이나 다양한 연구를 했어요. 산호섬을 연구해서 산호섬은 바다 밑바닥이 서서히 가라앉을 때 오래된 산호초 위에 새로운 산호들이 계속 모여 살면서 만들어진다는 걸 알아냈어요.

또한 지렁이는 죽은 식물을 분해해서 흙을 기름지게 만들고 땅속에 굴을 뚫어 공기가 잘 통하도록 해서, 식물이 자라기 좋은 땅을 만든다는 것을 밝혀냈어요. 그 밖에도 따개비를 해부해 연구했으며, 파리지옥이나 끈끈이주걱 같은 식충식물을 관찰해서 연구 결과를 책으로 펴내기도 했지요.

찰칵! 다윈이 살아온 길

자연에 관심이 많았던 개구쟁이

다윈은 산업혁명이 한창이던 1809년 2월 12일, 영국 서부 지방인 슈루즈베리에서 2남 4녀 중 다섯째로 태어났어. 다윈의 할아버지는 유명한 의사이자 박물학자였으며 다윈의 아버지도 의사였어.

다윈은 어렸을 때부터 들이나 숲, 냇가를 쏘다니면서 신기한 걸 보면 열심히 관찰하곤 했어. 그리고 조개껍데기나 새알, 곤충, 광물, 돌 심지어는 동전이나 우표 등 뭐든지 모으는 걸 좋아했지. 아홉 살 때 기숙학교에 들어가서도 다윈은 공부보다는 수집과 사냥, 낚시를 하고 개와 노는 걸 더 좋아했어. 형과 함께 화학 실험을 하는 것도 좋아했는데, 이 때문에 '가스'라는 별명으로 불리기도 했어.

열여섯 살 때 다윈은 의사가 되기를 바라는 아버지 뜻에 따라 에든버러 의과대학에 들어갔어. 하지만 마취제 없이 수술하는 걸 본 후로는 수업을 빼먹고 자연 과학 하는 친구들과 어울리면서 박제하는 법, 바다 생물을 관찰하는 법을 배웠어.

찰스 다윈
(1809~1882년)

비글호를 타고 세계 곳곳을 탐사하다

1828년에 의학 공부를 그만둔 다윈은 신학을 공부하기 위해 케임브리지대학교에 들어갔어. 하지만 이번에도 다윈은 학교 공부보다는 사냥과 말타기를 즐기고 딱정벌레를 열심히 수집했어. 다윈은 이곳에서 식물학과 교수 헨즐로를 만나 식물학과 동물학을 배웠으며, 그의 소개로 알게 된 지질학과 교수 세즈윅과 함께 지질 탐사를 다니면서 지질학을 배웠어.

1831년 다윈은 졸업 시험을 통과하고, 헨즐로 교수의 추천으로 비글호를 타게 돼. 비글호는 해안선을 조사하기 위해 남아메리카로 떠나는 해군 측량선이었어. 다윈은 비글호에 탄 하나뿐인 자연 과학자였지.

다윈은 비글호를 타고 1831년 12월 27일부터 1836년 10월 2일까지 남아메리카를 거쳐 오스트레일리아, 남아프리카를 탐사했어. 실제로 다윈이 비글호를 탄 시간은 1년 6개월 정도였으며, 대부

갈라파고스 제도

분의 시간을 육지에 머물면서 암석과 생물을 채집하고 지질과 생물을 관찰하고 기록했어.

비글호 항해는 다윈의 운명을 바꾼 일이었으며, 이 항해를 통해 다윈은 박물학에 관해 관심이 커졌고 관찰력 또한 향상되었지. 그리고 항해 동안 읽은 라이엘의 『지질학 원론』은 다윈에게 많은 영향을 주었고, 특히 갈라파고스 제도에서 관찰한 동식물은 다윈이 진화론을 발전시키는 결정적인 계기가 되었어.

연구 결과를 정리해 『종의 기원』을 발표

영국에 돌아온 다윈은 전문가들의 도움을 받아 표본을 정리하는 한편, 탐사하면서 기록한 것을 바탕으로 항해기를 쓰기 시작했어.

다윈은 학문적 업적을 인정받아 1838년에 영국 지질학회 서기가 됐고, 이듬해에는 왕립학회 회원이 됐어. 그리고 1839년 엠마 웨지우드와 결혼했으며, 『비글호 항해기』를 펴냈어. 1842년에는 원인 모를 병에 걸려서 시골로 이사해 그곳에서 평생을 살았어.

1842년부터 1846년 사이에는 항해 동안 관찰한 지질 현상을 정리해 『산호초의 구조와 분포』, 『화산섬의 지질학적 관찰』, 『남아메리카의 지질학적 관찰』이라는 책을 펴냈어. 그리고 표본과 관찰 일기를 바탕으로 진화를 연구하던 다윈은 맬서스의 『인구론』을 읽고 자연 선택에 의해 진화가 된다고 생각하게 되었지.

하지만 발표를 미루고 있다가 1858년 윌리스로부터 자신과 똑같은 생각을 담은 논문을 받고 깜짝 놀랐어. 그래서 다윈은 린네학회에서 윌리스와 공동으로 자연 선택에 의한 진화론을 발표했어. 그 후 윌리스는 다윈이 자신보다 더 많은 연구를 한 점을 인정했고, 다윈은 1859년에 20년 동안의 연구 결과를 정리해 『종의 기원』을 펴냈지.

마지막 순간까지 연구를 계속하다

다윈은 건강이 계속 나빠졌지만, 『종의 기원』을 쓴 후에도 쉬지 않고 관찰과 실험을 계속했어. 다윈은 사람과 동물을 연구해서 『인간의 유래와 성에 따른 선택』, 『인간과 동물의 감정 표현』을 썼어. 그리고 식물을 연구해서 『식충식물』, 『덩굴 식물의 운동과 습성』, 『식물의 운동력』 등 식물에 대한 책도 여러 권 썼지. 죽기 전 해에는 지렁이를 연구해서 『지렁이의 작용에 의한 식생 토양 형성』이라는 책도 썼어.

다윈은 1877년에 케임브리지대학교에서 명예 박사 학위를 받았으며, 1882년 4월 19일에 73세로 숨을 거둔 다음 웨스트민스터 사원에 묻혔어.

마음의 눈으로 자연을 보면서 하나가 되려고 했어

바버라 매클린톡

캐롯 매클린톡 박사님! 오늘 뵙기로 한 「브루클린 어린이 신문」 명예 기자, 캐롯이에요.

매클린톡 아, 오늘 만나기로 했었지. 반가워.

캐롯 그런데 옥수수들이 조그맣고 색깔도 이상하네요?

매클린톡 이 옥수수들은 연구에 필요한 특징을 가진 것만 골라 심어서 그래. 7월쯤 되면 붓에 꽃가루를 묻혀서 암꽃에 발라서 원하는 옥수수 씨앗을 얻어. 이때가 가장 힘들지. 암꽃이 막 피려고 할 때

꽃가루가 저절로 붙지 않도록 옥수수자루(옥수수의 낟알이 붙어 있는 대)를 봉지로 싸 줘야지, 암꽃이 피면 꽃가루를 받은 다음 빨리 암꽃에 묻혀 줘야지, 정신이 없어. 이렇게 해서 열매를 맺으면 가을에 거두어들여서 옥수수 낟알로 실험을 한단다.

캐롯 어휴, 무지 복잡하네요. 몇 분이 함께 일하시나요?

매클린톡 전부 나 혼자서 해. 아, 도우미가 있긴 하군. 저기 서서 새를 쫓아 주는 허수아비!

싹이 틀 때부터 돌보면서
빠짐없이 관찰했어

캐롯 사실, 박사님을 보고 좀 놀랐어요. 근엄하실 거라고 생각했는데 옷차림이 꼭 선머슴 같았거든요. 헤헤.

매클린톡 옥수수 밭에서 일할 땐 이렇게 입는 게 최고야. 난 틀에 얽매이지 않고 항상 내가 좋아하는 걸 했어. 고등학교 때도 과학 문제를 내 식대로 풀곤 했지. 잠깐! 아니 저 옥수수 잎이 왜 저렇지? 분명 어제까지만 해도 줄무늬가 저런 모양이 아니었는데…….

캐롯 어디요? 쓱 지나치기만 했는데, 어떻게 달라진 걸 보셨어요?

매클린톡 봄에 싹이 터서 자랄 때까지 매일같이 옥수수를 돌봤거든. 가뭄에는 물이 마르지 않게 해 주고, 홍수 땐 밤새 떠내려간 옥수수를 다시 심은 적도 있었어. 이렇게 옥수수를 기르면서 싹이 터서 자라는 과정을 빠짐없이 관찰했지.

캐롯 그런데 여기 옥수수 옆에 꽂아 둔 나무 표지판은 뭐예요?

매클린톡 옥수수 출생증명서야. 어떤 특징을 가진 아빠 엄마 옥수수를 교배해서 생긴 옥수수인지 적어 놓았지. 실험실에는 교배 날짜, 자라면서 변하는 잎이나 낟알의 색깔과 무늬 등을 적은 카드가 있어. 다음 계절에 어떤 자손을 남겼는지도 적어 두지.

캐롯 와! 옥수수의 모든 걸 샅샅이 적은 생활기록카드군요.

매클린톡 그렇지. 이런 카드를 만들려면 하루에도 몇 번씩 옥수수를 관찰해야 해. 이렇게 자꾸 보다 보면 눈에 잘 띄지 않는 것도 볼 수 있지. 그리고 옥수수를 돌보면서 마음으로 이야기를 나누다 보면 옥수수를 훤히 알게 돼. 그래서 옥수수 밭을 휙 지나가면서 봐도 옥수수에 어떤 변화가 생겼는지 금방 눈에 띄어.

캐롯 그런데 옥수수를 연구하는 특별한 이유라도 있나요?

매클린톡 가만 있자, 캐롯(carrot : 영어로 '당근'이라는 뜻) 얼굴을 보니 당근처럼 생기진 않았고, 얼굴색도 빨갛지 않고……. 캐롯은 엄마 아빠 중 누구를 닮았니?

캐롯 박사님마저 당근이라고 놀리시다니 너무하세요!

매클린톡 농담이야, 농담. 하하하. 우리가 엄마 아빠로부터 키나 쌍꺼풀 같은 형질(모양과 성질)을 물려받는 걸 유전이라고 해. 그래서 과학자들은 쉽게 구별할 수 있는 형질을 가진 생물로 유전 연구를 해. 옥수수는 낟알 색깔이 아주 뚜렷해서 그걸로 형질을 쉽게 비교할 수 있어. 미국 사람들이 주로 먹는 식량이었기 때문에 오래전부터 특징이 많이 알려졌고. 그래서 내가 다니던 학교 생물학과에서는 옥수수로 유전 연구를 했지. 난 농과대학에 다녔었는데, 세포와 염색체를 관찰하는 일이 너무 재미있어서 생물학과 대학원에 들어갔단다.

캐롯 저도 과학 시간에 현미경으로 양파 세포랑 입 안에 있는 세포를 관찰해 봤어요. 그런데 염색체는 뭐죠?

매클린톡 실험실에 다 왔구나. 들어가자. 내가 염색체를 보여 주마.

옥수수와 난 하나! 마음의 눈으로 옥수수를 보았어

매클린톡 자, 이쪽으로 와서 현미경을 보렴. 뭐가 보이니?

캐롯 앗! 기다란 막대, 아니 실뭉치 같은 게 보여요.

매클린톡 그게 바로 염색체야. 이 염색체에 형질을 결정하는 유전자가 들어 있지. 세포 안에는 둥근 핵이 있는데, 염색체는 거기에 들어 있어. 세포는 어느 정도 자라면 둘로 나누어지는데, 이때 핵을 둘러싼 막이 없어지고 핵 속에 있던 물질들이 뭉쳐지면서 염색체가 만들어지지. 자, 이번에는 왼쪽에 있는 세포를 보렴. 염색체들이 가운데 쭉 늘어서 있지?

캐롯 어디요? 잘 안 보이는데요.

매클린톡 자, 봐. 가운데에 있는 세포 두 개를 보면 염색체가 가운데 늘어섰다가 둘로 나누어지면서 끌려가지? 그다음에는 염색체가 풀어지고 새로운 핵이 생긴 후 자식 세포가 두 개 만들어진단다.

캐롯 히야, 박사님이 현미경을 슬쩍 만지기만 했는데 엄청 잘 보이네요. 혹시, 현미경 도사 아니세요? 헤헤.

매클린톡 어떻게 알았니? 현미경 다루는 것뿐만 아니라 표본도 잘 만드는 걸로 유명했거든, 호호호. 옥수수 염색체를 더 잘 볼 수 있는 염색 방법을 개발하기도 했단다. 옥수수 염색체들이 모양이나 크기 같은 특징이 조금씩 다르다는 것도 알아냈고. 아래쪽이 삐죽 나와 있는 염색체가 보이지?

캐롯 아, 정말 아래쪽이 튀어나왔네요. 박사님은 어떻게 그렇게 잘 찾아내세요?

매클린톡 난 세포를 관찰할 때면 너무 몰입한 나머지 현미경을 타고 내려가서 세포 속으로 들어가는 기분이 들었어. 때로는 염색체가 점점 커 보이기도 했지. 그래서 옥수수의 특징 가운데 함께 유전되는 유전자들이 염색체 어디에 있는지도 찾아낼 수 있었어.

캐롯 박사님! 농담이시죠? 그런 이야기는 '박사님이 줄었어요!'나 '환상 특급! 현미경 타고 세포 여행' 뭐 이런 판타지 동화에나 나오는 이야기라고요.

매클린톡 그것 참 재미있겠구나. 나도 읽어 보고 싶은걸? 흔히 관찰은 눈으로만 한다고 생각해. 하지만 새소리는 귀로, 꽃향기는 코로, 나무줄기 감촉은 손으로 만져 보지? 이렇게 여러 가지 기관을 이용해서 관찰하면 관찰하는 물건이나 생물에 대해 더 깊이 알게 돼. 여기에 한 가지 더 중요한 게 있어. 바로 마음의 눈이야.

캐롯 에이, 어떻게 마음으로 볼 수가 있어요?

매클린톡 마음을 다해서 물건이나 생물을 보면 그것의 일부가 될 수 있단다. 내가 옥수수를 연구할 때도 그랬어. 그래서 옥수수는 물론 옥수수를 이루는 세포, 세포 안에 있는 염색체도 나와 하나가 된 것처럼 느껴졌지. 내가 '자리바꿈 유전자'를 발견할 수 있었던 것도 그 덕분이야.

캐롯 그걸 발견하신 공로로 1983년에 노벨상을 받으셨죠? 자리이동 아니 자리바꿈 유전자 그것 좀 설명해 주세요.

관찰한 결과를 통합해서 생명 전체를 보려고 했어

매클린톡 염색체 위에 있는 유전자가 염색체 여기저기로 옮겨 다니는 걸 자리바꿈이라고 해. 이런 유전자를 자리바꿈 유전자 혹은 이리저리 점프를 한다고 뛰는 유전자라고 불러. 음, 콩깍지 안을 보

면 콩이 조르르 줄지어 있지? 이 가운데 콩 하나가 튀어 올라 다른 자리로 끼어든 것과 비슷해. 만약 콩이 다섯 개 들어 있고 가운데 있는 콩만 빨간색인데, 이 콩이 튀어 올라 바로 앞이나 뒤로 끼어들면 어떻게 될까?

캐롯 초빨초초초, 초초초빨초! 이렇게 색깔 순서가 달라지죠.

매클린톡 하하하. 마술 주문 같구나. 이렇게 빨간 콩이 어디로 이동하느냐에 따라 색깔 조합이 달라지듯이, 자리바꿈 유전자가 이동하면 유전자 배열이 달라져. 그래서 겉으로 나타나는 특징도 달라지지. 난 자리바꿈 유전자뿐만 아니라 불을 켜고 끄는 스위치처럼 자리바꿈 유전자가 이동하는 걸 조절하는 유전자도 있다는 걸 발견했어.

캐롯 아하! 크리스마스 트리의 전등이 깜빡이는 것처럼 유전자가 이동했다가 안 했다가 하는 거군요.

매클린톡 오호! 상상력이 뛰어난걸? 내 발표를 들었던 과학자들이 너만큼만 상상력이 있었더라면 좋았을걸. 내가 자리바꿈 현상을 처음 발표했을 때 발표장 안은 아주 썰렁했었어. 그때까지만 해도 유전자가 무엇인지 확실하게 몰랐고, 유전자가 목걸이에 꿰인 진주처럼 염색체 위에 고정되어 있다고 믿었거든. 그런데 유전자가 염색체 여기저기로 옮겨 다니고, 어떤 유전자는 스위치처럼 다른 유전자가 이동하는 걸 조절할 수 있다고 했으니……. 제정신이 아니라며 비웃는 사람들도 많았지.

캐롯 세상에! 그런 심한 말을 하다니. 엄청 화나셨겠어요.

매클린톡 하지만 난 실망하지 않고 연구를 계속해서, 생명체와 환경이 서로 영향을 주고받아서 유전자의 활동이 조절된다는 걸 알아냈어. 그래서 생물체를 이루는 세포들이 유전자는 같아도 세포마다 다른 일을 하는 거라는 것도 알아냈지. 근육 세포랑 신경 세포가 유전자는 같아도 다른 일을 하는 것처럼 말이야.

캐롯 박사님을 비웃었던 사람들 코가 납작해졌겠네요?

매클린톡 천만에. 무려 30년이 지난 후에야 유전자가 무엇이고, 어떻게 자손으로 전달되는지 밝혀졌지. 그리고 유전자로 실험을 하게 되면서 내 이론이 증명되었단다.

캐롯 와, 어떻게 유전자가 뭔지도 모를 때 그런 발견을 하셨죠?

매클린톡 난 단지 옥수수를 기르면서 관찰한 사실과 현미경으로 염색체를 관찰한 사실을 종합해서, 생명 현상을 파악하려고 노력했을 뿐이야. 옥수수가 가진 생명의 느낌을 느끼려고 노력한 거지.

캐롯 생명의 느낌이요? 그걸 어떻게 느낄 수 있죠?

매클린톡 생명체는 돌멩이처럼 죽은 게 아니라 살아 있어. 그래서 끊임없이 환경과 서로 영향을 주고받으면서 변해. 생명체에서 일어나는 이런 변화를 마음으로 느끼려고 노력하면 느낄 수 있을 거야. 길가에 핀 꽃을 마음을 열고 정성스럽게 들여다보렴. 분명 꽃이 소곤소곤 자기 비밀을 들려줄 테니까.

반짝이는 매클린톡의 눈 들여다보기

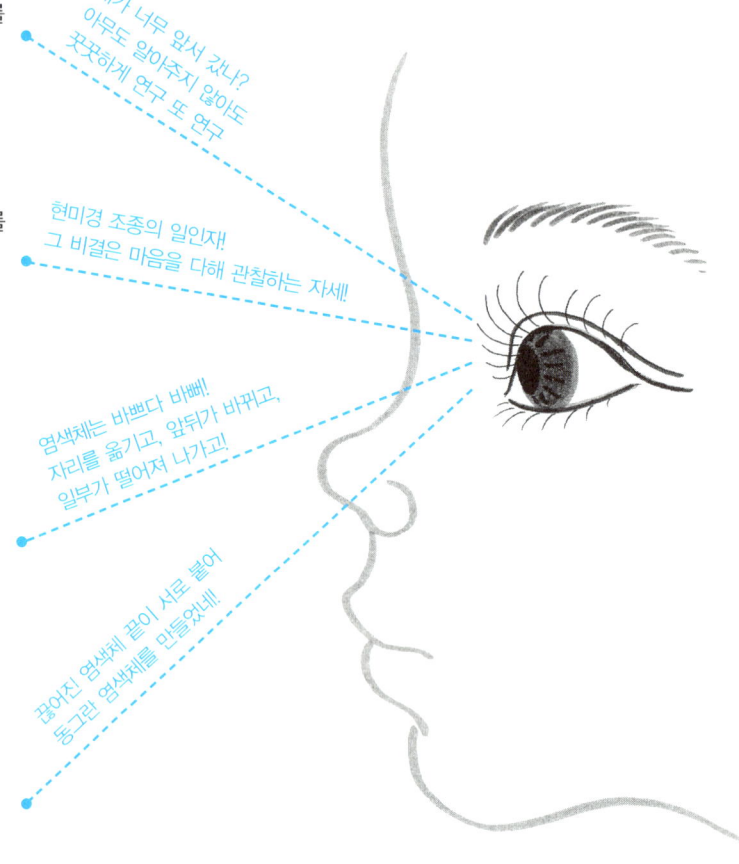

염색체 위에서 요리조리 자리를 바꾸는 **자리바꿈 유전자** 발견

내가 너무 앞서 갔나? 아무도 알아주지 않아도 꿋꿋하게 연구 또 연구

옥수수 염색체의 모양과 구조를 밝히고 옥수수 유전자 지도를 만듦.

현미경 조종의 일인자! 그 비결은 마음을 다해 관찰하는 자세!

옥수수 생식 세포를 관찰해, 생물이 배우자를 만들 때 **염색체끼리 엇갈리면서 유전 정보를 서로 주고받는다**는 걸 밝힘.

염색체는 바쁘다 바빠! 자리를 옮기고, 앞뒤가 바뀌고, 일부가 떨어져 나가고!

끊어진 염색체 끝이 서로 붙어 동그란 염색체를 만들었네!

정해진 과정에 따라 염색체가 잘렸다가 붙어서 **돌연변이**가 생긴다는 걸 밝힘.

안녕하세요,「브루클린 어린이 신문」기자 캐롯이에요. 50년 넘게 옥수수를 기르면서 몸과 마음의 눈으로 꼼꼼히 관찰한 매클린톡 박사님을 취재하고 나니 주변 사물들이 새롭게 보이네요.

매클린톡 박사님은 옥수수를 기르면서 자라는 과정과 옥수수 세포 안에 있는 염색체를 관찰해서 자리바꿈 유전자를 발견했어요. 염색체 위에 있는 유전자가 이리저리 옮겨 다니는 것을 자리바꿈 현상이라고 하며, 이런 유전자를 자리바꿈 유전자라고 하죠.

이 이론은 똑같은 유전자를 가진 세포들이 어떻게 각기 다른 일을 하는 세포가 되는지를 설명해 주고, 부모에서 자손으로 전달된 유전 정보가 나타나거나 나타나지 않는 이유를 설명해 줬어요.

박사님은 또한 옥수수 염색체를 염색하는 방법을 개발해, 염색체 키 순서에 따라 번호를 붙여 염색체를 구별하는 기준을 찾아냈어요. 그리고 처음으로 옥수수 염색체의 모양과 특징을 알아냈으며, 옥수수 낟알 색깔을 결정하는 유전자가 염색체에 있다는 것도 밝혔지요.

오늘날 유전 공학 연구의 기초를 마련한 매클린톡 박사님의 대단한 관찰력을 물려받고 싶네요!

찰칵! 매클린톡이 살아온 길

독립심이 강한 말괄량이

매클린톡은 1902년 6월 16일에 미국 코네티컷 주의 하트퍼드에서 1남 3녀 중 셋째 딸로 태어났어. 집안이 어려워서 동생이 태어나자 매클린톡은 세 살 때부터 초등학교에 들어갈 때까지 고모 댁에서 가족과 떨어져 살았어. 그 시절 매클린톡은 자연과 친해졌고, 기계 만지는 걸 좋아하게 되어 나중에 현미경을 고치는 것은 물론 조립도 할 수 있게 됐지.

1908년에 가족이 뉴욕 시에 있는 브루클린으로 이사해서, 매클린톡은 이곳에서 초등학교를 다녔어. 초등학교 시절, 매클린톡은 남자아이들과 어울려 운동하는 것을 좋아했고 다른 여자아이들과는 달리 바지를 즐겨 입었어. 그리고 혼자서 책을 읽고 골똘히 생각하는 것을 좋아했지.

초등학교를 졸업하고 에라스무스중고등학교에 들어간 매클린톡은 과학에 흥미를 느끼고 1919년에 코넬대학교 농과대학에 입학했어.

바버라 매클린톡
(1902~1992년)

평생을 함께한 친구, 옥수수를 만나다

매클린톡은 대학교 3학년 때 유전학과 세포학 시간에 했던 세포와 염색체 실험에 흥미를 느꼈어. 그래서 1923년에 대학교를 졸업하고 이 두 가지를 함께 연구할 수 있는 생물학과 대학원에 입학했어. 여기서 매클린톡은 평생을 연구할 식물, 옥수수를 만나게 되지.

대학원 시절 매클린톡은 옥수수 염색체를 잘 볼 수 있는 염색 방법을 개발해 옥수수 염색체를 관찰했어. 그리고 옥수수 낟알 색깔을 결정하는 유전자가 염색체 어디에 있는지 연구하기 시작했어.

당시에는 여자 과학자가 남녀공학 대학교 교수가 되는 건 아주 힘들었어. 반면 여자 대학교 교수가 되기는 쉬웠지만 그곳에서는 연구를 하기 힘들었지.

그래서 매클린톡은 1927년에 박사 학위를 받고 코넬대학교에서 연구원으로 있으면서 옥수수 연구를 계속했어. 그러면서 옥수수 낟알 색깔을 결정하는 유전자가 염색체 위에 있다는 것과 옥수수 염색체의 특성과 구조를 밝혔어. 그리고 1931년에 동료인 크레이튼과 함께 교차* 현상을 염색체 관찰을 통해 증명했어. 또한 염색체 위에서 함께 유전되는 유전자 위치를 알아내기도 했어.

교차 두 염색체 사이에서 염색체의 일부가 교환되어 새로운 유전자 조합이 일어나는 현상

자리바꿈 유전자를 발견하다

1931년에 매클린톡은 미주리대학교의 스태들러 교수 연구실에서 옥수수에 X선을 쪼였을 때 일어나는 현상을 연구해서, 끊어진 염색체 끝이 서로 붙어 동그란 염색체를 만드는 것을 발견했어.

1936년에 매클린톡은 미주리대학교 유전학과 조교수가 되었어. 이곳에서 염색체가 쪼개지고 다시 붙고 다리를 만드는 과정을 되풀이한다는 걸 발견했어. 하지만 그 당시는 여자가 교수가 되기 힘든 시기였고, 학교와 문제가 생겨서 교수직이 보장되지 않자 1940년에 학교를 그만두었어.

그리고 1941년에 코넬대학교에서 함께 연구했던 친구의 도움으로 미국 동부 해안에 있는 콜드스프링하버연구소로 옮겨 왔어. 이곳에서 매클린톡은 옥수수를 직접 키우면서 1944년에 옥수수 낱알에 나타나는 여러 가지 무늬와 염색체 변화를 관찰해 자리바꿈 유전자를 발견했어. 이 해에 미국유전학회가 생긴 후 처음으로 여자 회장으로 뽑혔고 다음 해에는 미국과학원 회원으로 뽑히기도 했어.

매클린톡은 자리바꿈 유전자를 6년 동안 더 연구한 다음 1951년에 콜드스프링하버 학술토론회의에서 발표했어. 하지만 발표가 끝난 후 몇몇 과학자를 빼고는 아무도 매

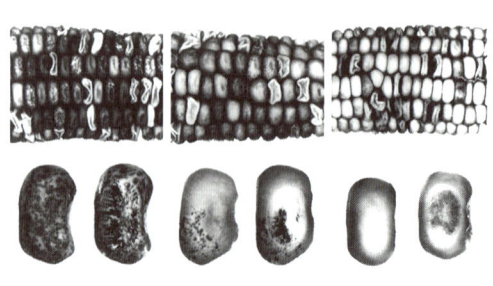

자리바꿈 유전자의 작동에 따라 달라지는 옥수수 낱알 무늬

클린톡이 발견한 내용을 이해하지 못했어.

처음으로 여성 혼자 노벨 생리의학상을 타다

동료 과학자들의 무관심에도 매클린톡은 실망하지 않고 연구를 계속했어. 그동안 유전자의 비밀이 하나씩 밝혀지기 시작했어.

1960년대에 박테리아에서 유전자가 조절된다는 사실이, 1970년대에는 세균, 효모, 초파리 등에서 움직이는 유전자가 발견되었어. 이로써 매클린톡이 발견한 것이 사실이라는 것이 30여 년 만에 증명되었지.

그 후 매클린톡에게 상과 상금이 쏟아져 들어왔고, 하버드대학교 등 15개 대학교에서 명예박사학위를 받았어. 그리고 드디어 1983년 여든한 살에 자리바꿈 유전자를 발견한 공로로 노벨 생리의학상을 받았어.

이 분야에서 처음으로 혼자 노벨상을 받은 여성이었지. 노벨상을 받은 후에도 매클린톡은 매일 연구를 했으며, 평생 독신으로 살다가 1992년에 아흔 살의 나이로 세상을 떠났어.

한 가지를 정한 다음 꾸준히 관찰했어

석주명

현수 얍, 얍! 에이, 또 놓쳤네! 저 까만 나비를 잡고 싶은데 안 잡혀요.

석주명 산제비나비 말이냐? 녀석이 아주 높이 재빠르게 날기 때문에 웬만해서는 잡기 어려울걸?

현수 근데 이름이 왜 산제비나비예요?

석주명 나는 모습을 보렴. 색깔이 제비처럼 검은데다 빠르게 나는 게 제비 같잖니? '산'이라는 말은 평지에 많이 사는 제비나비와는 달리 산에 살기 때문에 붙여진 거란다.

현수 와! 나비 이름에도 그렇게 깊은 뜻이 있군요.

석주명 몰랐니? 내가 올봄에 나비 이름을 우리말로 바꾸고, 이름이 없는 건 새로 지어서 책을 냈는데. 난 나비 생김새나 사는 곳, 생활 습관 등에 따라서 이름을 지었단다. 다리가 퇴화해 네 개만 남은 네발나비, 앞날개 모서리에 둥그런 막이 있어서 유리창처럼 보이는 유리창나비, 굴뚝처럼 시꺼먼 굴뚝나비, 봄에 금방 나왔다가 사라져서 처녀처럼 수줍음이 많다고 봄처녀나비, 그늘에 사는 그늘나비…….

현수 으하하! 이 나비 바보인가 봐요. 스스로 포충망 안으로 날아 들어왔다니까요.

석주명 어디 보자, 모시나비로군. 날개가 모시처럼 반투명해서 모시나비라고 부르지. 모시나비는 아주 느리게 날아다녀서 잡기 쉽단다.

현수 우아! 역시, 나비 박사님답네요! 박사님도 어렸을 때부터 나비 잡는 걸 좋아하셨나요? 저처럼요, 헤헤.

그래! 난 10년 동안 조선 나비만 연구할 거야

석주명 아니, 어렸을 땐 동물 기르는 걸 좋아했어. 보통학교*를 졸업할 무렵부터는 만돌린을 배우면서 음악에 빠졌었지. 나중에는 기타에 흥미를 느껴 10년 넘게 연주했었어. 그러면서 공부와는 자연히 멀어졌지. 숭실고등보통학교에서 송도고등보통학교로 전학을 가서도 놀기에 바빴어.

현수 우아, 진짜 엄청 노셨군요. 히히히.

석주명 그러게 그땐 왜 그랬나 몰라. 처음 맞는 겨울 방학을 앞두고 고향에 돌아가 놀 생각에 들떠 있던 난 성적표를 보는 순간, 머리가 멍해졌어. 꼴찌도 모자라서 몇 과목은 낙제를 받고 빨간 줄이 죽죽 그어져 있었거든. 난 뜬눈으로 밤을 새우면서 깊이 뉘우쳤어. 그리고 그다음 날부터 하숙방에서 머리를 싸매고 공부했어. 방학이 돼도 집에 오지 않자 어머니께서 걱정이 되어 찾아오셨는데, 방문을 여는 것도 모를 정도로 공부에 집중했지.

현수 하루아침에 개과천선하신 거네요. 킥킥, 죄송해요.

석주명 맞는 말인데 뭘. 그 덕분에 무사히 졸업하고 난 낙농업을 공부하러 일본에 있는 농업전문학교로 유학을 떠났어. 수업 시간에, 덴마크 사람들이 버려진 땅을 목초지로 만들어 젖소를 키워서 부유한 나라가 되었다는 이야기를 듣고 감명 받았거든. 그래서 낙농업을 배워서 우리 농촌을 잘살게 해야겠다고 결심했지. 그런데 유학을 가서 농학과에서 일 년을 공부하고 나자 마음이 흔들렸어.

현수 킥킥. 그새 놀고 싶어서 몸이 근질근질해지신 거죠?

보통학교 일제 강점기 때 초등 교육을 하던 학교

석주명 이 녀석 자꾸 놀릴래! 축산을 가르치시는 교수님들이 영 별로인 거야. 그런데 박물학과 교수님들은 너무 잘 가르치시더라고. 그래서 2학년 때 박물학과로 옮겼어. 비록 축산을 공부하는 걸 포기했지만 난 박물학과에서 농업과 관계있는 걸 공부했어. 곤충이 농작물에 어떤 영향을 주는지를 공부했거든.

현수 곤충은 해충이죠? 작년에 배추흰나비 애벌레가 우리 집 밭에 있는 배추를 죄다 갉아먹었거든요.

석주명 꼭 그렇지만은 않아. 나비나 벌처럼 꽃가루를 옮겨서 식물이 번식하도록 돕는 곤충도 있고, 바둑돌부전나비 애벌레처럼 농작물에 피해를 주는 진딧물을 잡아먹는 곤충도 있거든. 그 당시는 곤충 연구를 시작할 때 나비로 했어. 하지만 난 나비만을 연구하는 학자가 될 생각은 없었어.

현수 그럼, 언제부터 나비를 연구하신 거죠?

석주명 졸업을 앞두고 곤충학 교수님이 날 집으로 부르시더구나. 타이완(대만)으로 채집 여행을 갔을 때 비가 오는데도 하루살이를 100마리나 잡는 내 모습을 눈여겨보셨나 봐. 교수님은 내게 졸업하고 무얼 하고 싶냐고 물으셨지.

현수 그래서 뭐라고 대답하셨는데요?

석주명 실은 별로 깊이 생각해 보지 않았어. 그래서 그냥 농업학교 선생님이 되면 좋겠다고 했지. 그러자 교수님은 학자가 되라고 말씀하셨어. 난 학자는 교수가 되는 거라고 생각했어. 그래서 교수님께 조선 사람은 교수가 될 수 없다고 말했어.

현수 왜요? 계속 공부하면 학자가 되고 교수도 될 수 있는 거 아니에요?

석주명 그 당시는 조선 사람이 아무리 실력이 뛰어나도 교수가 되기 힘들었거든. 그러자 교수님께서는 진정한 학자가 되는 건 교수 같은 자리가 아니라 연구 결과로 결정된다고 하셨어. 그리고 이건 노력으로 이룰 수 있다면서 조선 나비를 연구해 보라고 하셨지. 10년 동안 연구하면 분명 조선 나비에 관한 한 세계 최고의 학자가 될 거라고 말이야.

현수 아하, 그 말씀을 듣고 나비를 연구하게 되신 거였군요.

석주명 그렇단다. 난 밤새 고민한 끝에 10년 동안 '조선 나비'만을 연구하기로 결심했어. 그리고 한국으로 돌아와서 모교인 송도고등보통학교에서 박물학과 선생님으로 근무하면서 본격적으로 연구를 시작했어.

방방곡곡을 다니면서 나비를 채집했어

현수 일본에서처럼 조선 나비가 농작물에 미치는 영향을 연구하신 건가요?

석주명 아니, 생물을 연구하려면 우선 분류를 해야 해. 여기 보이는 소나무, 나비, 풀, 새는 어떻게 묶을 수 있을까?

현수 소나무랑 풀은 식물, 나비랑 새는 동물로 묶을 수 있어요.

석주명 방금 네가 식물과 동물로 묶은 것처럼 서로 공통적인 특징을 가진 것으로 나누는 걸 분류라고 해. 나비를 분류하려면 우선 다양한 나비 표본을 모아야 했지. 난 학교가 있는 개성 지방에 사는 나비를 채집해서 학명을 찾은 다음, 개성에 어떤 나비가 사는지 밝히기로 했어. 참, 학명이 뭔지 아니?

현수 이름 아닌가요?

석주명 이름은 이름인데, 전 세계에서 공통으로 쓰는 이름이야. 생물을 큰 묶음으로 나눈 다음, 다시 나누고 또 나누고 하는 식으로 단계별로 분류해. 그리고 나서 생물마다 하나씩 자기가 속하는 곳의 주소를 정해 주는 거라고 할 수 있지.

현수 아, 생각났다! 종, 속, 과, 목, 강, 문, 계. 그거죠?

석주명 맞아. 이런 단계는 린네라는 과학자가 만들었는데, 그는 생물의 이름을 정하는 방법도 만들었어. 학명은 라틴어로 쓰는데 예를 들어 사람의 학명은 '호모 사피엔스 린네'야. 여기서 호모는 사람이 속하는 속 이름, 사피엔스는 종 이름, 린네는 학명을 붙인 사람 이름이야. 난 시간이 날 때마다 포충망을 들고 개성 주변으로 채집을 나갔어. 방학에는 학생들에게 나비를 200마리씩 잡아 오는 숙제를 내 주었지.

현수 200마리요? 그렇게나 숙제를 많이 내 주시다니!

석주명 좀 심했나? 사실 제자들 덕분에 개성 지방은 물론 전국 각지에 있

는 수많은 나비를 채집할 수 있었어. 채집한 나비는 날개를 잘 펴서 표본을 만든 다음, 곤충도감을 펴놓고 표본을 하나씩 확인해 가면서 이름을 찾아냈어. 그러면서 이상한 점을 발견했지. 내가 보기에는 크기나 무늬가 약간 다를 뿐 분명히 같은 종인데, 도감에는 다른 종류로 분류되어 다른 이름을 달고 있었거든.

현수 실수로 이름을 잘못 붙인 게 아닐까요?

석주명 부모가 같아도 형제들의 생김이 조금씩 다르듯이 같은 종이라도 모양이 조금씩 다를 수 있지. 그런데도 학자들이 표본 몇 개만 보고 그것과 크기가 다르면 새로운 종이라고 '꽝' 도장을 찍어 버리는 거야. 학명에 자기 이름을 올리려는 욕심 때문에 그런 사람도 있고 말이야.

현수 유명해지려고 거짓말을 한 거네요. 근데, 잘못된 이름은 어떻게 고쳐요?

석주명 우선 같은 종이라고 생각되는 나비를 가능한 한 많이 채집해야 해. 그래서 난 전국 곳곳을 돌아다니면서 나비를 채집했어. 나비 한 마리를 잡으러 제주도까지 가기도 했고, 나비를 쫓다가 산속에서 길을 잃고 뱀을 잡는 땅꾼으로 오해를 받기도 했지. 한번은 지리산에서 팔랑나비랑 좀 달라 보이는 나비를 발견하고는 세 시간이나 온몸에 상처가 나는 것도 모르고 쫓아다녀서 잡은 적도 있었어. 그게 바로 우리나라에서 처음으로 발견된 지리산팔랑나비였단다.

기준을 정해서 관찰한 다음 나비 종류를 나누었어

현수 저도 산제비나비를 계속 쫓아다니면 잡을 수 있을까요?

석주명 당연하지! 만약 네가 어떤 나비를 잡았는데, 그 나비가 산제비나비인지 아닌지 알려면 어떻게 해야 할까?

현수 음, 생긴 모습을 관찰해야죠.

석주명 맞아. 생긴 모습이나 번식 방법 같은 특징이 생물을 나누는 기준이거든. 나비는 종류에 따라 날개 모양과 날개에 있는 비늘가루 색깔이나 무늬가 달라. 그래서 난 처음에 이런 나비의 특징을 가지고 학명을 바로잡기로 결심했지. 그런데 이런 특징은 숫자처럼 정확하지 않아서 종을 나누는 기준으로 삼기에 적당하지 않더라고. 그래서 찾아낸 게 앞날개의 길이와 뱀눈나비 무리와 호랑나비 무리 날개에 있는 뱀눈 무늬의 위치와 수였어.

현수 잠깐만요, 나비가 자라면 앞날개도 커지지 않나요?

석주명 오호, 날카로운 질문인걸? 우리는 어릴 땐 자라지만 어른이 되면 자라지 않지? 나비도 마찬가지야. 나비는 알에서 애벌레, 번데기를 거쳐 어른이 되는데, 우리가 보는 나비가 바로 다 자란 어른이란다. 난 우선 우리나라에서 가장 흔하게 발견되는 배추흰나비부터 연구했어. 봄부터 가을까지 전국에서 채집한 배추흰나비 16만 7,847마리를 암수로 나눈 다음, 앞날개 길이를 일일이 자로 쟀지.

그 결과 배추흰나비의 앞날개 길이는 최소 17mm에서 최대 34mm 사이였고, 앞날개 길이가 27mm인 나비 수가 가장 많았어.

준식 그걸 가지고 어떻게 배추흰나비인지 알 수 있어요?

석주명 조금씩 모양이 달라도 나비 앞날개 길이가 17mm~34mm 사이면 모두 배추흰나비인 거야. 난 이렇게 해서 20여 개나 되는 학명이 잘못됐다는 걸 알아냈어. 그리고 앞날개 길이를 재거나 앞날개와 뒷날개에 있는 뱀눈 무늬 위치를 확인하고 수를 세서 우리나라 나비가 255종이라는 걸 밝혔단다.

준식 자기 이름이 들어간 학명이 없어진 걸 안 과학자들은 화가 났겠네요?

석주명 내가 직접 만지고 관찰한 나비는 무려 75만 마리야. 논문 한 줄을 쓰기 위해 3만 마리나 되는 나비를 관찰한 적도 있어. 좀 무지막지해 보이지만 통계를 내서 종을 결정하는 건 과학적인 방법이야. 그래서 가장 많은 학명을 지었던 일본의 곤충학자 마쓰무라*도 내게 한마디 할 수가 없었지.

준식 유명한 곤충 학자의 코를 납작하게 만드시다니 대단하세요!

석주명 난 직접 발로 뛰고 눈으로 관찰해서 얻은 자료를 바탕으로 확실한 증거를 댈 수 있는 연구를 해야 한다고 생각했을 뿐이었는데……. 그 후로 사람들이 박사 학위도 없는 나를 나비 박사라고 부르더구

마쓰무라 쇼넨 1872~1960년. 일본의 곤충학자. 훗카이도제국대학교 농과대학 교수로 근무하면서 일본 곤충의 학명을 1,200종이나 넘게 지었다.

나. 파브르 선생님처럼 말이야.

준식 앗, 산제비나비다! 에이, 또 놓쳤네.

석주명 내가 산제비나비를 잡을 수 있는 비밀을 하나 알려 주마. 계곡 주변 습지에서 기다려 봐. 분명 물을 먹으려고 내려앉는 녀석이 있을 테니까. 나비마다 가진 생활 습관이나 행동을 알면 원하는 나비를 쉽게 찾을 수 있거든. 배추밭에 가면 배추흰나비를, 어둡고 침침한 곳에서는 뱀눈나비를 볼 수 있는 것처럼 말이야.

준식 '아는 것이 힘이다'라는 말처럼 알아야 채집도 잘할 수 있는 거로군요.

반짝이는 석주명의 눈 들여다보기

앞날개 길이에 따른 개체 변이* 곡선을 그려서 **배추흰나비를 과학적으로 분류**

우리 것이 좋은 것이여! 나비와 동물 이름을 아름다운 우리말로!

『조선산 나비 총목록』을 펴내어 **우리나라 나비를 과학적으로 분류**하고 총정리함.

제주도 구전 민요 〈오돌또기〉를 악보에 옮겨 적어야지!

나비 연구도 부족해 제주도 곤충, 사투리, 인구까지 조사하다!

신종 나비 5종 발견!
유리창나비, 수노랑나비, 도시처녀나비, 깊은산부전나비, 성진은점선표범나비

전국 방방곡곡 나비 따라 삼천 리~

우리나라와 세계 지도에 각 종이 사는 곳을 표시해, **우리나라 나비 분포 지도를** 만듦.

개체 변이 같은 종류의 생물에서 환경이나 나이에 따라 각 개체의 무게, 크기, 색깔 등이 다르게 나타나는 현상.

우직하게 오직 우리나라 나비만을 관찰하여, 한국을 넘어 세계 최고의 나비 박사로 우뚝 서신 석주명 박사님! 박사님의 관찰력은 존경스럽다 못해 놀랍기까지 합니다. 석주명 박사님이 놀라운 관찰력으로 이루어 낸 업적을 살펴볼까요?

석주명 박사님은 무려 16만 7,847마리 배추흰나비의 앞날개 길이를 하나하나 재어 개체 변이 곡선을 이용해 분류했어요. 이는 그 당시 어느 누구도 하지 않았던 과학적인 방법이었어요.

또한 전국 방방곡곡을 다니며 채집한 약 75만 마리의 나비를 분류해서 『조선산 나비 총목록』이라는 책을 펴냈어요. 이 책에는 우리나라 나비의 연구 역사와 학명 변화 등도 실려 있어서 지금도 우리나라 나비를 연구하는 데 필요한 교과서로 여겨지고 있지요.

나비가 있는 곳이라면 어디든 달려가 관찰한 열정적인 석주명 박사님은 5종의 새로운 나비를 발견했어요. 그리고 세계 각지의 학자들과 교환한 자료를 바탕으로 각 종마다 사는 곳을 각각 우리나라 지도와 세계 지도에 표시해서 나비 분포 지도를 만들었어요.

이 지도는 500장에 이르며, 지도에는 나비가 살 수 있는 한계선이 표시되어 있어요. 이는 생태학과 생물지리학적으로 아주 중요한 지도랍니다.

동물 기르는 걸 좋아하는 아이

석주명은 1908년에 평양 대동문 근처에서 3남 1녀 중 둘째 아들로 태어났어. 석주명은 아버지가 평양에서 가장 큰 요리집을 운영했기 때문에 비교적 부유한 어린시절을 보냈어. 처음에는 서당에 다니다가 보통학교에 입학했는데, 공부보다는 노는 걸 더 좋아했지. 그리고 동물을 무척 좋아해서 여러 동물을 키웠는데, 비둘기를 키우면서 짝을 지어 주기도 했어.

보통학교를 졸업하고 1921년에 숭실고등보통학교에 들어간 석주명은 연극반 활동을 열심히 했어. 연극 순회공연을 할 때는 보통학교 졸업 무렵부터 배운 만돌린 솜씨를 뽐내기도 했지.

석주명
(1908~1950년)

하지만 입학한 지 1년 만에 학교가 휴업을 하게 되자, 석주명은 학교를 그만두고 개성에 있는 송도고등보통학교로 전학을 갔어.

나비를 연구하기로 결심하다

송도고등보통학교는 당시로서는 드물게 표본실, 박물관은 물론 실습을 할 수 있는 농장과 목장까지 갖추었고, 남의 것보다는 우리 것을 먼저 배우고 알아야 한다고 가르쳤어.

석주명은 학교의 영향을 받아서 낙농업을 발전시켜서 농촌을 잘살게 하겠다는 꿈을 가지게 되었어. 그래서 낙농업을 공부하기 위해 1926년에 일본에 있는 가고시마고등농림학교로 유학을 갔어.

농학과에서 1년을 공부한 석주명은 박물과로 옮겼는데, 여기서 만난 곤충학자 오카지마 교수는 졸업을 앞둔 석주명에게 '10년만 조선 나비를 연구하라'는 말을 해 주었어. 이 말을 듣고 석주명은 '조선 나비'를 연구하기로 결심하지.

유학을 마친 석주명은 함흥에서 잠시 박물과 선생님으로 있다가, 1931년에 모교인 송도고등보통학교로 옮겼어. 그리고 그때부터 본격적으로 나비 연구를 시작하지.

『조선산 나비 총목록』을 출판해 세계적으로 인정받다

석주명은 채집한 나비 이름을 확인하면서 분류가 잘못된 게 많다는 걸 알았어. 그리고 이 문제를 해결하려면 나비를 많이 채집해서 개체 변이 범위를 밝혀야 한다고 생각했지.

1936년 석주명은 배추흰나비 16만 7,847마리를 채집해 개체 변이 범위를 밝히고 잘못된 20여 개의 학명을 수정해 『조선산 배추흰나비의 변이 연구』라는 논문을 발표했지. 이 논문은 세계곤충학회를 깜짝 놀라게 했고, 이때부터 석주명은 나비 박사로 불리게 되었어.

『조선산 나비 총목록』 표지와 내지

1938년 영국왕립아시아학회는 석주명에게 『조선산 나비 총목록』을 써 줄 것을 부탁했어. 석주명은 일본으로 건너가 4개월 동안 나비에 관한 300여 권의 책과 200여 편의 논문을 읽고 책을 썼어.

1940년에 출판된 이 책은 잘못된 학명을 정리해 우리나라 나비를 255종(1947년에 최종적으로 248종으로 분류)으로 분류했어. 또한 나비 연구 역사와 학명의 변천 등을 담은 우리 나비 백과사전이라고 할 수 있어. 이 책은 우리나라 사람이 쓴 책으로는 처음으로 영국왕립도서관에 소장되었으며, 그해 세계인시류

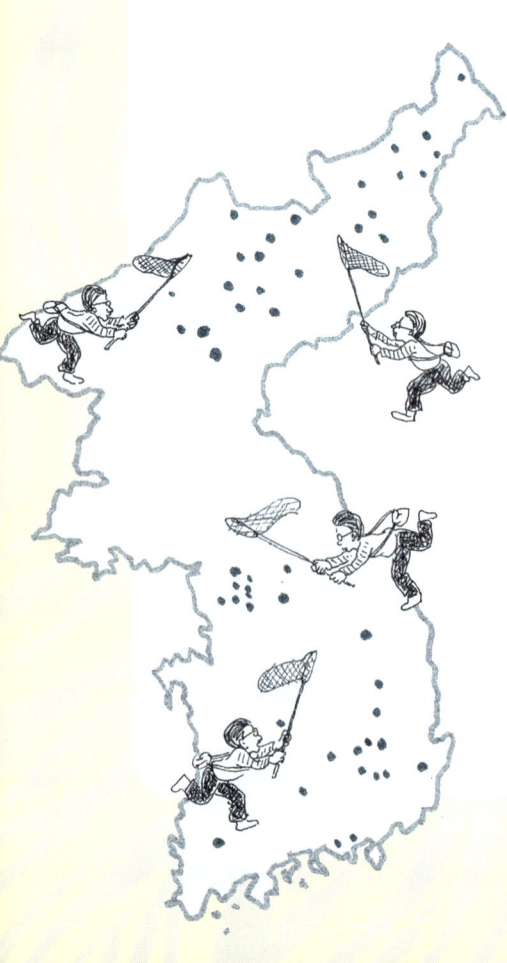

학회는 이 책을 쓴 석주명에게 정식 회원 자격을 주었어.

생물학뿐만 아니라 여러 분야에서 업적을 남기다

석주명은 1943년에 제주도에 있는 경성제대 생약연구소 시험장으로 자리를 옮겼어. 그는 제주도에 사는 곤충, 사투리, 인구 등 제주도에 대한 자료를 조사해서 6권의 책으로 펴냈어. 그리고 입으로 전해 오던 제주도 민요 〈오돌또기〉를 악보로 옮겨 적기도 했지.

1946년부터 석주명은 국립과학관 동물학 연구부장으로 있으면서 일본어로 된 나비와 동식물 이름을 우리말로 바꾸었어. 또한 세계 공용으로 사용하고자 만든 국제 보조어 에스페란토를 보급하는 데도 앞장섰어.

석주명은 한국전쟁 중에도 박물관의 나비 표본을 지키려고 서울에 남아 있다가, 술 취한 사람들에게 북한군으로 오해를 받고 총에 맞아 마흔세 살의 나이로 생을 마감하고 말았어.

마지막까지 연구했던 우리나라 나비 분포도는 1973년 여동생의 도움으로 『한국산 접류 분포도』라는 책으로 출판되었어. 석주명은 17권의 책과 128편의 논문을 남겼으며, 우리나라 나비를 연구하는 것이 조선을 지키는 것이라고 믿었어. 이런 공로를 인정받아 석주명은 1964년에 건국 공로훈장을 받았고, 2008년 한국과학기술한림연구원에서 운영하는 '한국과학기술인 명예의 전당'에 헌정되었어.

장영실

이 세상에 어느 날 갑자기 하늘에서 뚝 떨어진 건 없어. 과학자들이 새롭게 발견한 사실은 이미 다른 과학자들이 발견한 사실 위에 지은 집과 같아. 발명도 마찬가지야. 어떤 발명이든 이미 발견한 원리나 물건을 바탕으로 만들어지거든. 그래서 물건을 그대로 따라 만들거나 고장 난 것을 고쳐 보면 물건 속에 숨은 원리를 알 수 있어. 그다음에 그 원리들을 더하거나 빼면서 잘 조합하면 새로운 걸 만들 수 있지.

토머스 에디슨

뭐든 반복 또 반복하는 게 중요해. 우리가 무언가를 만들거나 배우려면 실패를 두려워하지 말고 수없이 반복해야 해. 우리는 실패를 하면서 조금씩 발전하고 새로운 생각을 할 수 있거든. 난 한 가지 발명품을 만들기 위해 수천 번이나 실험을 반복했어. 하지만 난 한 번도 실패했다고 생각하지 않았어. 되지 않는 이유를 수천 가지 발견했을 뿐이라고 생각했지. 그 발견이 쌓여서 내가 원하는 발명품을 만들 수 있었던 거야.

3장
뚝딱, 창의력이 센 손을 가진 과학 천재들의 강연

마이클 패러데이

머리로 생각하는 것만큼 몸을 움직이는 것도 중요해. 피아니스트가 피아노 연습을 오랫동안 하면 눈을 감고도 피아노를 칠 수 있듯이 과학자도 실험을 시도 때도 없이 해야 해. 실험을 많이 할수록 실험 감각이 손에 지식으로 저장되거든. 그리고 손에 저장된 기억은 머릿속에서 새로운 생각이 떠오르게 해 줘. 난 손지식을 쌓으면서 머릿속에서 생각나는 것을 구체적으로 기록하고 그린 다음, 실험 장치로 만들어서 실험했어.

생각나는 걸 구체적으로 기록하고 그려서 실험 장치로 만들었어

마이클 패러데이

어이쿠, 이런! 통로도 모자라서 강단 앞에까지 앉았네. 내가 이 계단식 강의실에서 강연을 한 이래로 이렇게 많은 사람들이 모인 건 처음인 것 같아. 다들 이 강연 이름이 뭔지는 알지?

(아이들이 이구동성으로 크리스마스 강연이라고 외친다.)

맞아. '크리스마스 강연'이야. 크리스마스 강연은 내가 왕립연구소 실험실장이 된 후 만들었는데, 1826년부터 해마다 크리스마스 무렵에 어린이들에게 과학을 들려주고 있어. 그동안 했던 강연 중에서 양초를 가지고 여섯 번에 걸쳐서 화학에 관해 설명했던 강연은 인기가 최고였지.

하지만 오늘은 그보다 더 특별한 크리스마스 강연이 될 거야. 집안 형편이 어려워도 밝고 씩씩하게 사는 친구들을 초대했거든. 또 한 가지 특별한 점은 오늘은 나에 대해 이야기를 하는 강연이라는 거야. 친구들에게 내가 어떻게 과학 원리를 발견하고 발명했는지 소개하려고 하거든.

오늘 강연을 하게 된 건 오래전 이 강연장에서 받았던 소중한 선물을 내 어린 시절과 비슷한 처지에 있는 어린이들에게 주고 싶어서야. 어렸을 때 우리 집은 일주일을 빵 한 덩이로 견뎌야 할 만큼 가난했어. 그래도 꿈을 잃지 않고 왕립연구소에서 이렇게 과학을 연구하게 된 건, 1812년 내 나이 스무 살 때 이 강연장에서 들은 험프리 데이비* 선생님의 강연 덕분이었어. 그 강연을 듣고 나서 어떻게든 과학을 연구하기로 마음먹었거든.

수학을 잘하겠다고?
천만에, 난 수학을 잘 몰라

아까도 말했지만 우리 집은 너무 가난해서 난 교회에서 일요일마다 열리는 학교에서 겨우 글을 쓰고 읽고, 간단한 셈을 하는 정도만 배웠어.

험프리 데이비 1778~1829년. 영국의 화학자. 전기분해로 처음으로 알칼리 및 알칼리 토금속(칼슘, 스트론튬, 바륨, 라듐)의 분리에 성공함. 안전등 발명.

(뒤로 돌아서 칠판에 공식을 적는다.)

'F=ma'. 여기 적은 이 공식은 뉴턴이 발견한 유명한 공식인데, F는 힘, m은 질량, a는 일정한 시간 동안 속도가 얼마나 변하는지를 나타내는 가속도야.

아주 간단해 보이지? 하지만 이 속에는 썰매를 빨리 끌거나 야구공을 빠르게 던지려면 힘을 세게 줘야 하는 것처럼, 모든 물체의 속도를 변하게 하려면 힘을 줘야 한다는 걸 담고 있어.

이처럼 과학자들은 자연이 무엇으로 이루어져 있고 어떻게 움직이는지를 발견하면 수학으로 간단하게 나타내. 우리가 생각을 글이나 말로 표현하듯이 수학은 과학을 표현하는 언어거든.

그런데 난 안타깝게도 어려운 수학은 잘 몰랐어. 그래서 전기와 자기의 성질이 같다는 걸 발견했지만 그걸 수학 공식으로 나타내지 못했지. 고맙게도 제임스 맥스웰이라는 멋진 친구가 깔끔하게 수학적으로 정리해 주었지만 말이야. 이게 바로 전기장과 자기장의 관계를 나타낸 공식, 맥스웰 방정식이야.

난 수학은 몰랐지만 잘하는 게 하나 있긴 했어. 바로 실험이야. 난 상상보다 중요한 건 증명된 사실이라고 생각했어. 그리고 그런 사실을 찾아낼 수 있는 건 실험뿐이고, 자연에 숨겨진 비밀은 실험으로 답을 찾을 수 있다고 믿었지. 그래서 난 어떤 질문이나 주장이든 항상 실험으로 증명하려 했어. 지금도 내가 열네 살 때 처음으로 한 실험 생각을 하면 웃음이 터져 나온다니까. 하하하.

꼬물락 꼬물락!
책에 있는 실험을 따라하면서 손지식을 쌓았어

어려운 집안을 도우려고 서점 겸 제본소에서 신문이나 책을 배달하는 일을 할 때였어. 어느 날 어떤 집 문을 두드리고 기다리는데, '만약 난간을 사이에 두고 머리는 저쪽에 몸은 이쪽에 있다면 나는 대체 어디에 있는 걸까?'가 궁금해지는 거야. 그래서 실험을 해 보려고 몸을 움직이는 순간 갑자기 문이 열리지 뭐야. 난 깜짝 놀라서 머리를 뒤로 젖혔지. 그 바람에 그만 머리를 부딪쳐 상처가 나고 말았어.

난 한 번도 이 실험을 잊은 적이 없어. 그때부터 궁금한 게 생기면 뭐든 실험해 보았거든. 하지만 실험다운 실험을 한 건 제본을 배우는 견습생이 되고 나서부터야. 그때 난 제본한 책을 읽으면서 책 속에 푸욱 빠졌어. 특히 『화학에 관한 대화』라는 과학책과 백과사전에 있는 전기 이야기를 좋아했지.

내가 들고 있는 이 노란 건 귀부인들이 장식으로 사용하는 보석, 호박이야. 자, 이 호박을 헝겊으로 문지른 다음 깃털에 가까이 가져가 볼게. 어때? 깃털이 달라붙지?

이 실험은 옛날에 그리스에서 살았던 자연철학자 탈레스가 했던 실험이야. 이렇게 물체를 마찰하면 전기가 생기는데, 이 전기는 금방 사라져 버려. 그래서 잠시 전기가 머무른다고 정전기(靜電氣)라고도 부르지. 스웨터를 벗을 때 타닥 소리가 나고, 번개가 치는 것도 정전기 때문에 나타나는 현상이야.

사람들은 갑자기 나타났다가 사라지는 유령 같은 정전기를 오래 붙잡고 싶었어. 그래서 정전기를 담을 수 있는 라이덴병을 만들었고, 드디어 1800년에 이탈리아의 과학자 볼타가 전기가 계속 흐르게 할 수 있는 볼타 전지를 만들었지. 난 백과사전에 쓰인 이런 이야기를 읽고 책에 있는 실험을 그대로 따라해 봤어. 마찰 전기 실험을 할 때는 용돈을 아껴서 폐품 가게에서 병 두 개를 사서 라이덴병도 만들었지. 내 힘으로 볼타 전지를 만들었을 때는 얼마나 기뻤는지 몰라.

사람들은 내가 실험하는 능력을 타고났다고들 하지만, 난 한 번도 그렇게 생각해 본 적이 없어. 내가 남들보다 실험을 더 잘하는 건 책에 나와 있는 실험을 따라하면서 내 손에 지식이 쌓였기 때문일 거야.

손에도 지식이 쌓인다니, 이상하지? 하지만 정말이야! 연필을 처음 깎으면 삐뚤빼뚤하지만 자꾸 깎다 보면 반듯하게 깎을 수 있지? 실험도 그래. 자꾸 하다 보면 실험 감각이 손에 익거든. 손지식이 쌓이면 머릿속에 새로운 생각이 떠오르고 말이야.

하지만 혼자서 과학을 공부하는 건 힘든 일이었어. 그때 시립철학회에서 하는 과학 강의를 듣게 되었는데, 난 강의 때마다 맨 앞줄에 앉아서 필기를 아주 열심히 했어. 그리고 집에 돌아와 노트에 깨끗하게 다시 옮겨 적고, 그림도 자세하게 그려 넣었지.

그런데 이 노트가 나에게 소중한 선물을 가져다주었어. 노트를 보고 감동한 한 손님이 유명한 화학자, 험프리 데이비 선생님이 왕립연구소에서 하는 강연회 표를 선물로 주었거든. 난 이번에도 강연을 열심히 들으며 노트에 내용을 자세히 적고 실험 기구랑 실험 과정을 그려 넣었어. 무려 386쪽이나 되었지.

그런데 문제가 생겼어. 과학 공부를 하면 할수록 제본소 일을 그만두고 과학을 연구하고 싶어졌거든. 하지만 학교도 못 다녔지, 돈도 없지, 어떻게 해야 할지 막막한 거야.

그때 강의를 정리한 노트 생각이 났어. 난 강의 내용을 새로 정성껏 옮겨 적은 다음, 제본소에서 배운 기술로 멋지게 제본해서 데이비 선생님께 보냈어. 어떤 일이라도 좋으니 곁에서 일하게만 해 달라는 간절한 편지를 넣어서 말이야. 지성이면 감천이라더니, 결국 난 데이비 선생님의 조수가 되었단다.

늘 기록하고 그림으로 그리고! 그걸 바탕으로 실험 장치를 만들었어

자, 잘 봐!

(앞에 놓인 커다란 자석에 부지깽이와 석탄이 든 철통을 휙휙 연달아 던지자 철썩철썩 달라붙는다.)

어때? 자석에 쇠붙이가 붙는 거랑 전기를 띤 호박이 깃털을 끌어당기는 거랑 비슷하지? 그래서 전기를 연구하는 과학자들은 전기와 자기 사

이에 뭔가 관계가 있을 거라고 생각하고 연구했어.

드디어 1820년에 덴마크에서 외르스테드라는 과학자가 이 둘 사이에 관계가 있다는 걸 발견했지. 전지에 연결된 전선에 전류가 흐르자, 전선 옆에 있던 나침반 바늘이 움직이는 걸 발견했거든. 이건 전류가 흐르는 주변에 자석처럼 나침반을 움직이는 힘이 있다는 증거였어.

이 소식을 듣고 데이비 선생님의 친구인 울리스턴은 확인 실험을 했지만 계속 실패했어. 물론 나도 같은 방법으로 실험해 봤는데 잘 안 되더라고. 그때부터 내 머릿속은 전기와 자기로 가득 차게 되었지.

결국 난 이 사실을 증명할 새로운 실험 장치를 생각해 냈어. 전선, 유리컵, 수은, 자석, 볼타 전지를 가지고 만들었지. 이 장치에 전류가 흐르게 했더니 왼쪽 유리컵에서는 고정되지 않은 자석이 전선 주위를 빙빙 돌고, 오른쪽 유리컵에서는 고정되지 않은 전선이 자석 주위를 빙빙 도는 거야. 이건 전기와 자기는 서로가 서로를 움직이게 할 수 있다는 증거였지.

난 너무나 흥분해서 비슷한 실험을 했던 울리스턴에게 말하는 걸 깜빡하고 결과를 발표하고 말았지 뭐야. 이 일로 아이디어를 훔쳤다며 비난을 받았고, 데이비 선생님과도 사이가 나빠졌어. 결국 난 데이비 선생님과 울리스턴이 세상을 떠난 뒤에야 다시 전자기 실험을 시작했어.

다른 과학자들이 했던 실험을 반복하면서, 난 전기가 자석과 같은 힘을 낼 수 있다면 반대로 자석의 힘으로 전기를 얻을 수 있다고 확신했어. 하지만 실험 장치를 만들어서 증명하는 일은 쉽지 않았어.

난 실험 장치를 고안할 때 우선 머릿속에 떠오르는 실험 장치를 일기장에 그렸어. 내 일기는 그냥 일기가 아니라 실험 방법, 실험 장치, 실험 결과 등등 실험에 대한 모든 걸 적은 연구 기록이었거든. 그래서 하루 일기가 수십 페이지나 되는 때도 있었어. 난 일기에 그린 그림을 바탕으로 재료를 구해서 직접 실험 장치를 만들었어.

여기 있는 이 장치도 그렇게 만든 거야. 둥근 쇠고리 양쪽에 구리선 두 개를 감은 다음 한 가닥만 전지에 연결한 채 전지에 연결한 구리선에 전기를 흐르게 하면 다른 쪽 구리선에도 전기가 흘러. 전지를 연결하지 않았는데도 전기가 만들어진 거야.

이번에는 원통 모양의 마분지에 구리선을 감고 검류계에 연결한 다음 자석을 원통 속으로 넣었다 뺐다 했어. 그랬더니 자석이 움직이는 동안

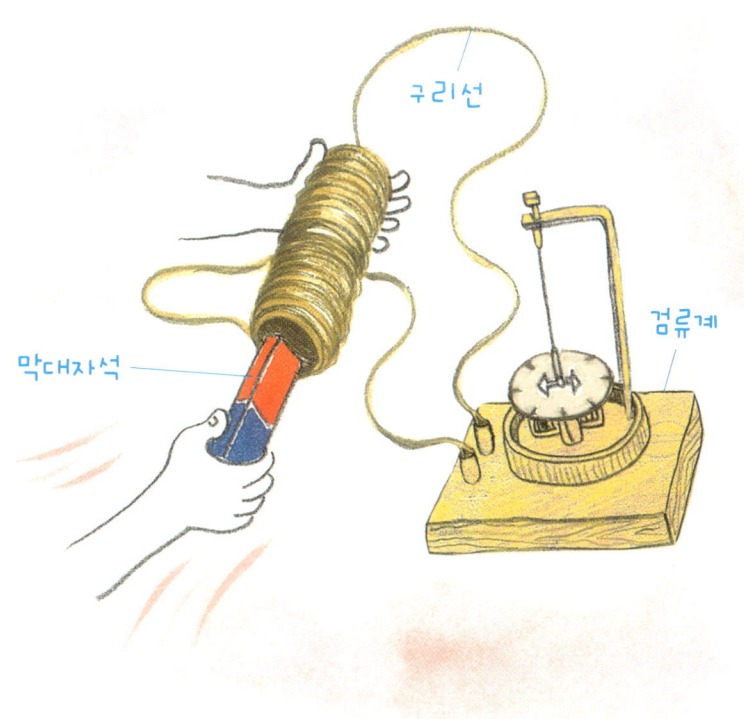

검류계 바늘이 움직이는 게 아니겠어? 자석이 미치는 힘이 변하면서 전기가 만들어진 거지. 이게 내가 처음으로 발견한 '전자기유도'야.

난 이 원리를 이용해서 커다란 말굽자석에 구리선을 감은 다음, 말굽자석 사이에 구리 원판을 놓고 원판을 돌려서 전기를 많이 만들 수 있는 장치도 만들었어. 이 장치가 바로 처음으로 만들어진 발전기였지.

자, 이제 마지막으로 재미있는 놀이를 보여 줄게. 앞에 앉은 친구, 좀 나와 볼래? 막대자석을 종이 위에 올려놓았어. 자석 주변에 아무것도 안 보이지?

(아이가 고개를 끄덕인다.)

여기에 철가루를 뿌리니까 자석 주변이 어떻게 변했니?

(아이가 무늬가 생겼다고 답한다.)

맞아. 신기하게 철가루들이 일정한 무늬를 그리며 늘어서. 이건 눈에 보이지는 않지만 자석 주변에 어떤 힘이 있다는 증거야. 이 힘이 만드는 선을 따라 철가루들이 늘어선 거거든.

하지만 자석에서 먼 곳에 철가루를 뿌리면 이런 무늬가 만들어지지 않아. 그래서 난 자석의 힘이 미치는 공간을 '자기장'이라고 불렀어. 난 중력이 미치는 공간이 있듯이 전기의 힘이 미치는 공간도 있다고 생각했지. 하지만 사람들은 말도 안 되는 소리라고 비웃었어. 사람들은 눈에 보이는 것만 믿으려고 하거든. 그렇지만 난 세상에 있는 모든 것들은 눈에 보이지 않지만 서로 연결되어 있다고 생각해.

세상에는 우리가 볼 수 있는 것보다 볼 수 없는 게 더 많아. 그래서 난 너희들이 보이지 않는 세상을 마음껏 상상했으면 좋겠어. 그러면서 궁금한 게 생기면 그걸 기록하고 그려 봐. 그리고 나처럼 실험을 해서 확인해 봐. 그러면 분명 너희들이 나보다 훨씬 뛰어난 발견을 하게 될 거야.

  자, 이제 내 이야기는 끝났어. 오랫동안 참고 들어 줘서 고마워. 그리고 모두 메리 크리스마스!

(아이들도 입을 모아 메리 크리스마스! 하고 인사를 한다.)

재주 많은 패러데이의 손 들여다보기

번개가 쳐도 자동차 표면에만 전류가 흐르기 때문에 안은 안전! **패러데이 효과** 발견

전기 분해를 할 때 만들어지거나 없어지는 물질 양은 흐른 전기량에 비례! **패러데이 법칙**(전기분해 법칙) 발견

기체를 액체로 만드는 방법을 개발해 낮은 온도에서 액체로 되는 여러 기체를 발견

자기력선과 자기장이라는 말을 처음으로 사용. 내가 원조?

벤젠 버너, 전동기, 발전기, 축전기 등을 발명

발전기, 전동기, 변압기를 만드는 원리! 자기의 힘으로 전기를 만드는 **전자기유도** 현상을 발견

빛과 자기는 관계가 있을 거야! 혹시…… 친구 사이?

전해질, 전극, 음극, 양극, 이온 같은 용어를 처음으로 사용해서 널리 알리다!

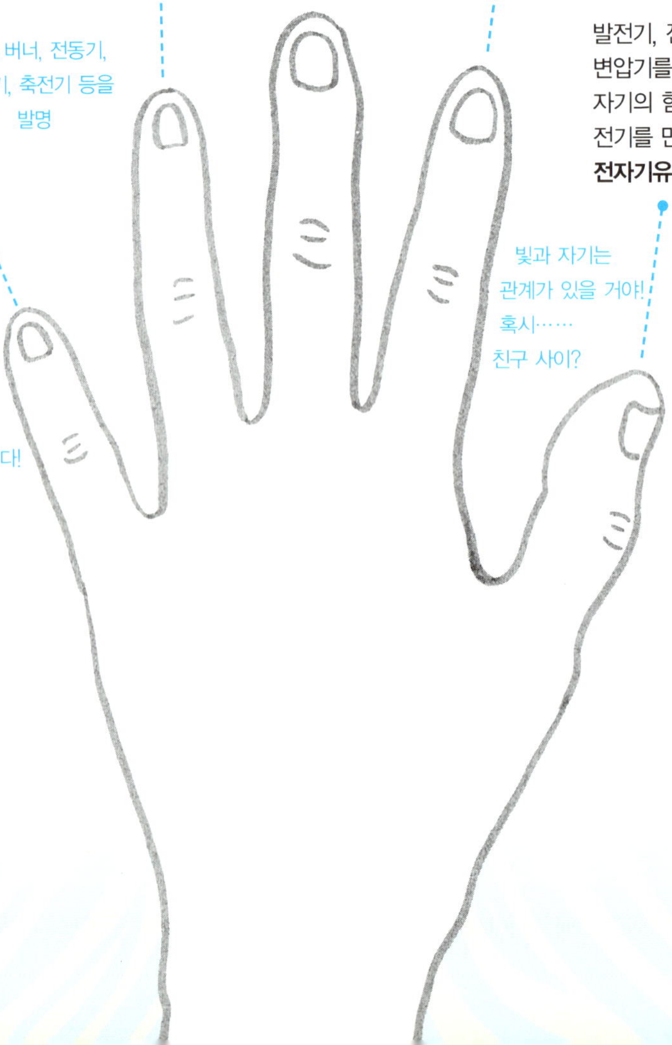

패러데이 선생님의 크리스마스 강연에 초대 받았던 미래의 과학자 피터예요. 패러데이 선생님의 강연은 제게 많은 꿈을 심어 주었어요. 자연에 숨은 비밀은 실험으로 찾을 수 있다고 믿으며, 궁금한 점이 있으면 실험하고 또 실험하는 선생님을 본받아 저도 꼭 제 꿈을 이룰 거예요.

패러데이 선생님의 가장 큰 업적인 전자기유도를 어떻게 발견했는지 살펴볼까요? 구리선을 감아서 만든 코일 사이로 자석을 움직이면 자기력이 변하면서 전선에 전류가 흐르지요. 이때 자석을 빨리 움직일수록 전선에 흐르는 전류가 세져요. 패러데이 선생님은 이 원리를 이용해서 발전기를 만들었어요. 오늘날 우리가 매일 사용하는 전기를 만드는 발전기나 전동기, 변압기 등은 모두 이 원리를 이용한 것이지요.

또한 본인의 이름을 딴 패러데이 법칙을 발견했어요. 물을 전기 분해하면 수소와 산소 기체가 나오는데, 이때 수소와 산소 기체의 양은 물에 전기를 많이 흘려 줄수록 많이 만들어져요. 이처럼 전기 분해를 할 때 전극에서 만들어지거나 없어지는 물질의 양이 흐른 전기량에 비례하는 걸 패러데이 법칙이라고 해요.

40년이 넘게 매일 일기에 자신이 한 연구를 빠짐없이 기록한 선생님처럼 오늘부터 실험·관찰 일기를 써야겠어요.

찰칵! 패러데이가 살아온 길

과학책에 푹 빠진 제본공

패러데이는 1791년 9월 22일, 영국 뉴잉턴에서 4형제 중 셋째로 태어났으며, 아버지는 대장장이였어. 패러데이는 집안이 너무 가난해서 초등학교도 제대로 다니지 못했어.

마이클 패러데이
(1791~1867년)

패러데이는 열네 살 때 서점 겸 제본소에서 일하면서 책을 열심히 읽었어. 특히 과학책을 즐겨 읽었고 책에 있는 실험을 따라해 보았지.

패러데이는 시립철학회에서 하는 과학 강의를 들으면서 강의 내용을 노트에 적고 그림까지 넣어서 제본했어. 이걸 본 단골손님이 감동해서 왕립연구소에서 하는 험프리 데이비의 강연회 표를 주었어. 이번에도 패러데이는 강연을 들으면서 꼼꼼히 노트에 적었지.

왕립연구소에서 일하는 행운을 얻다

1812년 제본소에서 견습 생활을 끝낸 패러데이는 제본 일을 그만두고 과학을 연구하고 싶었어. 궁리 끝에 패러데이는 강연 때 만들어 둔 노트를 제본해서 곁에서 일하게 해 달라는 편지와 함께 험프리 데이비에게 보냈어. 데이비는 그걸 보고 감동했고, 결국 패러데이는 잠시 눈을 다친 데이비 대신 글 쓰는 걸 도와주다가 1813년 드디어 그의 조수가 되었어.

패러데이는 연구소에서 살면서 실험 도구를 정리하고 강의 준비를 도왔어. 그리고 데이비와 함께 유럽을 여행하면서 유명한 과학자들을 많이 만나고 이야기를 나누면서 과학 지식을 넓혔지.

1815년 패러데이는 왕립연구소 조수 겸 장비 관리자가 되었고, 1816년에 첫 번째 과학 논문 「토스카나 지방에서 나는 천연 가성 소다의 분석」을 발표했어. 패러데이는 그 후 1820년까지 철광석과 강철, 구리를 연구했으며, 탄소 염화물을 발견하고 기체를 액체로 만드는 등 화학 실험을 열심히 했어.

전자기유도를 발견해 새로운 전기 시대를 열다

1820년에 덴마크의 과학자 외르스테드는 전선에 전기가 흐르는 순간 전선 밑에 있던 나침반 바늘이 움직인다는 걸 발견했어. 이 소식을 들은 데이비의 친구 울러스턴은 왕립연구소에서 그 이유를 찾으려고 실험했지만 번번이 실패했어.

한편 1821년에 전자기 실험을 하던 패러데이는 전기는 자석을 움직이게 하고, 자석은 전류가 흐르는 전선을 움직이게 한다는 걸 발견했어.

 하지만 비슷한 실험을 했던 울리스턴에게 알리지 않고 연구 결과를 발표하는 바람에 아이디어를 훔쳤다는 비난을 받았어. 패러데이는 데이비와 울리스턴에게 사과한 뒤, 전자기 연구를 그만두고 화학 실험에만 몰두했지.

 하지만 울리스턴과 데이비가 세상을 떠난 후 1831년 패러데이는 구리선으로 코일을 만든 후 그 안으로 자석을 넣었다 뺐다 하면 구리선에 전류가 흐른다는 걸 발견했어. 자석의 힘으로 전기를 만드는 데 성공한 거지. 이것을 전자기유도라고 하며, 패러데이는 이 원리를 이용해 발전기

도 만들었어. 전자기유도는 전자기학 발전에 밑거름이 되는 발견이었지. 그래서 패러데이를 '전자기학의 아버지'라고 불러.

사람들에게 과학을 널리 알린 과학 전도사

패러데이는 1825년에 왕립연구소 연구실장이 된 후 금요일 저녁마다 왕립협회 회원들을 초대해 강연회를 열었고, 어린이들을 위한 크리스마스 강연도 매년 열었어. 이때 했던 강연, '양초 한 자루의 화학적 역사'는 책으로 만들어져 지금까지도 읽히고 있어. 금요일 강연과 크리스마스 강연도 지금까지 열리고 있고.

패러데이는 전자기유도를 발견한 후에도 패러데이 법칙, 반자성체와 자성체, 빛이 자기장에 영향을 받는다는 것 등을 발견했어. 그는 많은 상을 받을 만큼 유명해졌지만 소박하게 살았어. 대학에서 교수로 와 달라는 요청뿐 아니라 왕립학회 회장 자리, 귀족 신분도 마다했지. 그리고 특허를 내서 돈을 버는 데에도 관심이 없었어. 과학적 성과는 세상 모든 사람들의 행복을 위해 이롭게 쓰여야 한다고 생각했거든.

패러데이는 마흔여덟 살 때부터 최근 일을 기억하지 못하는 증상으로 고통 받다가 1867년 8월 25일 세상을 떠났어. 그리고 평범하기를 바랐던 평소의 바람대로 웨스트민스터 사원이 아니라 공동묘지에서 조용하게 장례가 치러졌어.

실패를 두려워하지 않고 성공할 때까지 반복했어

토머스 에디슨

  꼬마 발명가 친구들! 요술의 집, 멘로파크에 온 걸 환영해. 내가 바로 이 집의 마법사, 에디슨이란다. 짜잔! 내가 신기한 요술을 보여 줄게.
(축음기 손잡이를 잡고 돌리자 노랫소리가 들린다.)
  하하. 침 나오겠다, 입 좀 다물어. 사실 내가 발명하고도 나도 너희들처럼 놀랐어. 그러니 처음에 이 기계를 보고 사람들이 속임수라고 수군거린 것도 당연해. 하지만 직접 축음기에서 자기가 부른 노래나 말이 나오는 걸 듣곤 믿을 수밖에 없었지. 그때부터 사람들은 '말하는 신비한 기계'를 만들었다며 나를 멘로파크의 마법사라고 불렀어.

1879년 12월 마지막 날 밤에도 오늘처럼 북적거렸어. 내가 발명한 전등을 보여 주기 위해 사람들을 초대했었거든. 사람들은 멘로파크 역에서 연구소까지 오는 길에 어둠을 밝히고 있는 전등을 보고 넋을 잃고 말았지.

2년 전 1882년에도 난 전 세계 사람들을 깜짝 놀라게 했어. 큰 발전기로 전기를 만들어서 800개나 되는 전등으로 뉴욕 시내를 환하게 밝혔거든.

오늘은 그 전등이 탄생한 지 5년째 되는 날이야. 그래서 지난 5년 동안 전국에서 열린 발명 대회에서 상을 받은 친구들을 초대해서, 어떻게 전등을 발명할 수 있었는지 연구소를 돌아보면서 설명하려고 해.

(갑자기 불이 꺼지고 아이들을 잡아먹을 듯이 두 손을 들고)

으흐흐, 난 귀신이다! 놀랐지, 놀랐지?

(다시 불이 들어온다.)

미안, 미안! 장난기가 발동해서 그만. 허허허.

뭐든 해 봐야지!
궁금한 건 뭐든 직접 실험해 봤어

내가 어렸을 때부터 장난이 좀 심했거든. 사실 난 중요한 실험을 한 거였는데 어른들은 장난으로 여겼지. 난 어렸을 때부터 궁금한 게 참 많았어. 그래서 어른들에게 궁금증이 풀릴 때까지 질문을 해 댔지. 그런 나를 어른들은 귀찮아했고, 머리가 이상하다고 생각하기도 했어. 난 궁금한 건 뭐든 직접 실험해 봐야 직성이 풀리는 성격이었어.

알을 품고 알이 깨기를 기다린 적도 있었고, 벌집을 쑤셔서 벌 떼에게 혼쭐이 빠진 적도 있었고, 운하에 빠져 죽을 뻔한 적도 있었고, 헛간에 불을 질러서 아버지한테 엄청 혼난 적도 있었지. 하지만 못 말리는 내 실험 정신은 수그러들지를 않았어. 이런 행동 때문에 결국 학교를 그만두고 집에서 어머니께 공부를 배웠어.

어머니는 여러 가지 책을 읽게 했는데, 특히 실험이 많이 소개된『자연 과학과 실험 과학 입문』이라는 책을 재미있게 읽었어. 난 용돈을 모아서 화학 약품을 사고 빈 병, 철사, 전선 같은 걸 모아서 책에 나온 실험을 모두 따라했어. 부모님이 지하실에 실험실도 마련해 주셨는데, 여러 종류의 약품병과 옥수수 가루, 소금, 설탕이 든 병이 쭉 늘어선 지하실은 진짜 마법사의 방 같았어. 그러고 보니 그때부터 내가 마법사 기질이 있었나 봐.

한번은 하늘을 나는 기구를 보다가 뱃속에 가스가 가득 차면 날 수 있지 않을까 하는 생각이 들었어. 그래서 친구에게 가스가 생기는 약품을 먹게 했다가 친구가 배탈이 나서 어머니께 매를 흠씬 맞았지.

그래도 난 실험이 너무 재미있었어. 그래서 실험에 필요한 약품을 사기 위해 열두 살 때부터는 기차에서 신문이랑 과일, 사탕 같은 걸 파는 판매원으로 취직했어. 운 좋게도 기차에 실험실을 꾸밀 수 있어서 일을 하면서 틈틈이 실험을 했었지. 하지만 기차가 덜컹거릴 때 약품이 담긴 병이 떨어져 깨지면서 그만 기차에 불이 나고 말았어. 다행히 큰 사고는 아니었지만 안타깝게도 더 이상 기차에서 실험을 할 수 없게 됐지.

이야기를 하고 보니 내가 보통 말썽쟁이는 아니었군, 하하하. 하지만 이렇게 뭐든 해 보면서 실패를 두려워하지 않게 된 것 같아. 자, 이제 2층으로 가 볼까?

흠, 이게 문제군!
주변을 관찰하면서 부족한 점을 찾아냈어

2층은 전체가 실험실이야. 이게 뭔지 아니?

(입구의 전신기를 가리키면서 묻자 아이들이 큰 소리로 전신기라고 대답한다.)

맞아. 모스 부호*로 먼 곳에 소식을 보내는 전신기야. 기차에서 신문을 팔 때였어. 어느 날 테네시 주에서 전쟁이 났다는 소식을 듣고, 난 전신으로 미리 역마다 소식을 알리면 신문이 잘 팔릴 거라고 생각했어. 결과는 대성공이었지.

난 그때 빠르게 소식을 전하는 전신기의 힘에 놀랐어. 그래서 전신 기사가 되고 싶었는데, 우연히 기차에 치일 뻔한 역장 아들을 구해 준 보답으로 역장에게 전신 기술을 배울 수 있었지. 전신 기사가 된 후 6년 동안

모스 부호 점과 선으로 문자 기호를 나타내는 전신 부호. 미국의 발명가 모스가 만듦.

이리저리 떠돌아다녔어. 그동안에도 난 실험 기구와 약품을 사서 틈만 나면 실험을 했지. 그러면서 점점 발명가로 살고 싶어졌어.

난 스물한 살 때 패러데이 선생님이 쓴 『전기와 관련된 실험 연구들』을 읽고 전기와 기계를 연구해 발명하기로 결심했어. 이게 바로 내가 처음으로 발명 특허를 받은 자동 검표기야.

(책상에 놓인 기계를 들어서 보여 준다.)

의회에서 투표할 때 단 몇 분만에 찬성과 반대 결과를 알 수 있는 기계지. 하지만 반응은 별로였어. 의회에서는 투표 결과를 빨리 아는 것보다 의견을 듣고 토론하는 게 더 중요했거든. 난 그때 깨달았어. 아무리 좋은 발명품이라도 사람들이 필요로 하지 않으면 쓸모가 없다는 걸.

그럼, 사람들이 필요로 하는 것을 어떻게 찾아낼까? 항상 관심을 갖고 주변 물건이나 현상을 관찰해서, 뭐가 부족한지를 찾아내는 거야. 내가 만들었던 전등도 마찬가지야. 내가 처음으로 전등을 만든 건 아니거든. 하지만 난 모든 사람들이 사용할 수 있는 전등을 만들었다는 게 다르지.

내가 전등을 발명하기 전까지는 아크등이 거리를 환하게 밝혔어. 그런데 아크등은 해로운 가스를 내뿜는데다가 빛이 너무 강해서 집에서 사용할 수 없었어. 게다가 모든 등이 한꺼번에 켜지고 꺼졌지. 그래서 많은 발명가들이 집에서도 사용할 수 있는 작고 밝기도 적당한 전등을 만들려고 노력했어.

난 1878년 여름에 아크등 전시회를 보고 전등을 만들어야겠다고 결심했어. 그리고 그동안 발명되었던 전등에 어떤 문제점이 있는지 꼼꼼히 살펴보았어.

 우선, 유리구에 들어 있는 가는 선이 너무 빨리 타서 없어지고, 빛을 내는 데 전기가 너무 많이 들었어. 그리고 지금까지 만들어진 발전기로는 전등을 켜는 데 필요한 전기를 만들지 못하는 문제점이 있었어. 나는 곧 기자 회견을 열어서 6주 안에 전등을 발명하겠다고 발표했어.

 자신감 하면 또 나 에디슨 아니겠어? 사람들은 이런 나를 보고 거만하다고들 하는데, 젊은 사람이 그 정도 배짱과 용기가 없어서 어떻게 큰일을 할 수 있겠어? 무슨 일을 하든 자신감을 가지고 하면 할 수 있다는 믿음이 생기거든.

실패해도 괜찮아! 성공할 때까지 반복 또 반복했어

 앗, 잠깐만! 갑자기 재미난 아이디어가 떠오르네.
 (노트를 꺼내 무언가를 적는다.)
 난 노트를 가지고 다니면서 실험할 때든 화장실에 앉아 있을 때든 아이디어가 떠오르면 꺼내서 적거든.
 난 어렸을 때부터 귀가 잘 들리지 않았어. 하지만 그리 괴롭지는 않았어. 오히려 재미있는 상상을 마음껏 할 수 있어서 아이디어가 퐁퐁 솟아났지. 여기 있는 것들이 모두 아이디어에서 태어난 것들이야.

자, 천장에 있는 전등을 봐. 유리구 안에 있는 가는 선에 전류가 흐르면 선이 빨갛게 뜨거워지면서 하얀 빛을 내. 그래서 하얀 빛을 내는 등, 즉 백열등이라고 부르지. 이 가는 선은 필라멘트인데, 전등을 만들 때 가장 중요한 문제는 오래 가고 밝게 빛나는 필라멘트를 찾는 거였어.

그래서 난 탄소, 크롬, 철, 백금, 붕소 같은 물질 수십 가지를 똑같은 모양과 길이, 두께로 만들어서 몇 달 동안 실험했어. 그 결과 전류가 잘 흐르는 물질로 필라멘트를 가늘고 길게 만들면 밝은 빛을 내고, 여러 물질 중에서 백금이 가장 알맞다는 걸 알아냈지.

하지만 백금은 아주 비싼데다가 가늘게 만들어서 열을 가하면 금방 녹아 버리곤 했어. 궁리에 궁리를 하던 난 공기가 없으면 필라멘트가 타는 걸 막을 수 있다고 생각했지. 그래서 유리구 안에서 공기를 빼내는 장치를 만들었어. 하지만 빛을 내는 시간이 조금 길어졌을 뿐이었지.

후유, 발전기까지 만들었지만 정작 가장 중요한 필라멘트를 1년이 넘도록 만들지 못했던 거야. 설상가상으로 신문이나 과학 잡지에서는 나를 사기꾼이라고 몰아붙였지.

그러던 어느 날 밤, 필라멘트 생각을 골똘히 하면서 손에 묻은 램프 그을음을 닦다가 머리에 떠오르는 게 있었어. 까만 그을음, 탄소! 전에 탄소로 얇게 필라멘트를 만들었었는데, 그때는 유리구 안을 진공으로 만들지 못해서 탄소 필라멘트가 금방 타 버렸지. 하지만 이제는 진공을 만들 수 있고 그러면 산소가 없어서 금방 타지 않을 거라는 확신이 들었어.

드디어 1879년 10월 21일, 검게 태운 목화실로 필라멘트를 만들어 진

공 유리관 안에 넣고 스위치를 켰어. 그러자 유리관이 촛불 30개를 밝힌 것보다 더 밝게 빛났어. 그것도 40시간 동안이나!

난 여기서 멈추지 않고 좀 더 오래 가는 탄소 필라멘트를 찾기 위해 실험을 계속했어. 종이, 골판지, 낚싯대, 재봉실, 대나무 심지어는 실험실 연구원의 수염까지도 불에 그슬려서 실험해 보았지. 그리고 드디어 대나무 필라멘트가 가장 오래 빛난다는 걸 알아냈어.

하지만 전등을 만든 건 시작에 불과했어. 집에 전기가 들어오지 않는다면 전등이 있다고 한들 무슨 소용이 있겠어? 그래서 난 전기미터(전력량계), 퓨즈, 전등을 끼우는 소켓, 스위치 같은 전기 기구를 만들었어. 그다음 모든 집에 전기를 보낼 수 있는 커다란 발전소를 만들고, 집으로 전기를 보내는 시설도 만들었지.

사실 전등을 발명할 때가 가장 힘들었어. 수천 번 실험을 해야 했으니까. 하지만 실험을 수천 번 반복한 걸 실패를 거듭했다고 생각하지는 않아. 전등이 만들어지지 않는 이유를 수천 번 발견했을 뿐이고, 수천 단계를 거쳐 전등을 만들었을 뿐이거든.

실험은 언덕을 굴러 내려오는 공과 같아. 공이 일단 구르기 시작하면 중간에 장애물을 만나더라도 반드시 평평한 곳으로 내려오잖아? 실험도 마찬가지야. 반복 또 반복하다 보면 분명 원하는 걸 얻을 수 있거든.

지금도 전 세계의 밤을 내가 만든 전등이 환하게 밝히고 있는 걸 상상하면 가슴이 벅차올라. 여기 모인 친구들도 나처럼 세상을 행복하게 만드는 발명을 할 거라고 믿어.

재주 많은 에디슨의 손 들여다보기

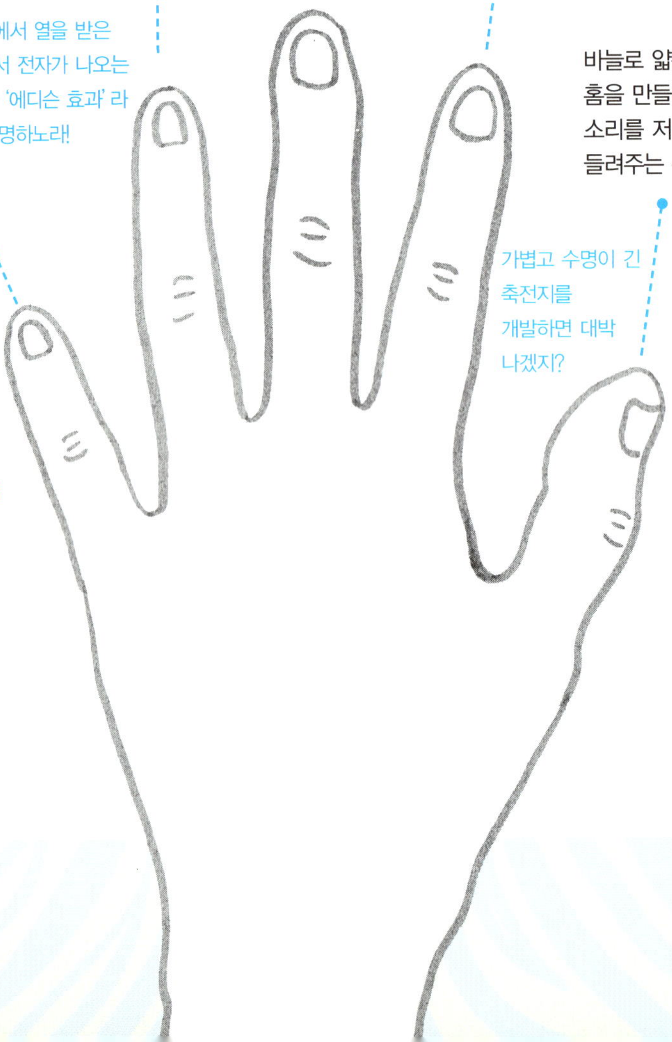

탄소 송화기를 발명해서 예전 전화기보다 소리가 더 잘 들리는 전화기를 만듦.

영화를 찍는 **활동사진 카메라**와 영화를 보여주는 **활동사진 영사기를 발명**

오랫동안 빛을 내는 **전등, 발전소, 전기 기구를 발명**하여 모든 사람이 사용할 수 있게 함.

진공에서 열을 받은 금속에서 전자가 나오는 현상을 '에디슨 효과'라 명하노라!

동시에 네 가지 내용은 주고받아야지! 4중전신기 발명

바늘로 얇은 판에 홈을 만들어 소리를 저장했다가 들려주는 **축음기 발명**

말하는 인형, 반사판을 이용한 온풍기, 와플을 만드는 기계, 토스터기 등을 발명

가볍고 수명이 긴 축전지를 개발하면 대박 나겠지?

한 가지 발명품을 만들기 위해 수천 번의 실패를 반복할 만큼 끊임없이 노력한 에디슨 박사님! 그 결과 세계에서 가장 많은 발명품을 만들었으며, 특허를 받은 발명품만도 1,093개나 되지요. 뛰어난 창의력을 가진 에디슨 박사님의 손끝에서 탄생한 발명품을 살펴볼까요?
　1877년에 만든 축음기는 확성기에 대고 말을 하면 아래에 있는 진동판이 떨리면서 바늘이 원통에 감긴 얇은 판에 홈을 만들어 소리를 저장했어요. 그리고 손잡이를 잡고 원통을 돌리면 얇은 판에 녹음된 소리대로 진동판이 떨려 소리가 났지요.
　같은 해 탄소 알갱이를 넣어서 소리에 따라 탄소 알갱이가 전기를 전달하는 정도가 달라지는 송화기를 발명했어요. 그 결과 소리가 잘 들리는 실용적인 전화기를 만들 수 있었어요.
　1878년에는 유리구에 무명실을 태워서 만든 탄소 필라멘트를 넣은 다음 공기를 빼내 오랫동안 빛을 내는 전등을 만들었어요. 에디슨 박사님은 커다란 발전소와 전기 기구를 만들어 모든 사람들이 전등을 사용할 수 있게 해 주었어요. 또한 키네토그래프라는 활동사진 카메라와 키네토스코프라는 활동사진 영사기를 발명해 움직이는 모습을 찍어서 짧은 영화를 볼 수 있게 해 주었어요.

찰칵! 에디슨이 살아온 길

궁금한 건 직접 해 보는 엉뚱한 아이

에디슨은 1847년 2월 11일, 미국 오하이오 주 밀란에서 7형제 중 막내로 태어났어. 어렸을 때부터 호기심이 많았으며, 궁금한 건 뭐든 실험해 보았어. 거위 알을 품고 알이 깨기를 기다린 적도 있었고, 불이 붙는 이유를 알려고 헛간에 불을 지른 적도 있었지. 결국 학교에 들어가서도 적응을 못 하고 3개월 만에 학교를 그만두었어. 그리고 집에서 어머니와 함께 공부했지.

토머스 에디슨
(1847~1931년)

에디슨은 『자연 과학과 실험 과학 입문』이라는 책을 읽고 실험실을 꾸미며서 직접 실험을 하기 시작했어. 에디슨은 열두 살 때부터 기차 판매원으로 취직해서 돈을 벌기 시작했는데, 기차 안에 실험실을 만들어 틈틈이 실험했지. 하지만 실험실에 불이 나면서 실험을 할 수 없게 되었어.

열다섯 살 때는 「위클리 헤럴드」라는 신문을 만들어 팔기도 했고, 전신을 이용해 신문을 팔아 이익을 남기기도 했어. 이즈음 에디슨은 귀에 이상이 생겨서 그 후로 잘 듣지 못하게 되었어.

전신 기사, 발명가가 되다

에디슨은 열여섯 살 때 역장 아들을 구해 준 보답으로 역장에게 전신 기술을 배워서 1863년에 전신 기사가 되었어. 그 후 6년 동안 전신 기사로 일하면서 전기 기술과 기계에 대해 배울 수 있었어.

그동안 에디슨은 월급으로 실험 도구와 약품을 사서 실험도 계속했어. 그러다 스물한 살 때 영국의 과학자 패러데이가 쓴 『전자기학의 실험적 연구』라는 책을 읽고 전기와 기계를 연구하기로 결심하지.

에디슨은 1869년에 전신 회사를 그만두고 본격적으로 발명을 시작해. 그리고 그해 전기투표기록기를 발명해 특허를 받았어. 하지만 투표기록기를 필요로 하는 곳이 없었지. 에디슨은 빚을 지고 생활이 곤란해졌어.

그래서 에디슨은 뉴욕으로 가서 증권시세표시기를 발명했어. 그리고 그 기계를 팔아서 큰돈을 벌었지. 에디슨은 그 돈으로 1871년에 뉴저지 주 뉴어크에 연구소 겸 공장을 세우고, 이곳에서 계속 발명을 했어. 그리고 1874년에 전선 하나로 네 가지 내용을 한 번에 보낼 수 있는 4중전신기를 발명해 큰 성공을 거둬.

축음기와 전등을 만든 멘로파크의 마법사

1876년에 에디슨은 뉴욕에서 조금 떨어진 멘로파크에 연구소를 지어서 이사했어. 에디슨은 여러 분야의 전문가를 모아서 함께 연구했는데,

그는 이곳에서 가장 많은 발명을 했어.

1877년에는 벨이 만든 전화기를 실용적으로 고친 탄소 송화기를 발명했어. 그리고 그해에 마술처럼 소리를 녹음했다가 다시 들려주는 축음기를 발명하여 '멘로파크의 마법사'로 불렸어.

멘로파크 실험실

1879년에는 진공 유리구에 탄소 필라멘트를 넣어서 오래 빛을 내는 전등을 발명했어. 그뿐만 아니라 소켓, 스위치, 퓨즈 같은 전기 기구를 발명하고 전기를 공급할 발전기도 개발했지.

드디어 1879년 12월 31일 에디슨은 뉴욕 사람들을 멘로파크로 초대해 자신이 만든 발명품을 소개했어. 1882년에는 세계에서 처음으로 뉴욕과 런던에 발전소를 만들고 '에디슨 전등회사'도 건립하지.

에디슨은 '점보'라는 커다란 발전기를 만든 다음 뉴욕 펄스트리트에 대규모 전등 망을 설치해 전등을 밝히는 데 성공했어. 그리고 자신이 만든 발전기와 전기 설비를 이용해 전기 기관차를 만들기도 했어. 1883년에는 전등 실험을 하던 중 '에디슨 효과'를 발견했는데, 에디슨 효과는 나중에 진공관을 만드는 데 응용되었어.

죽는 순간까지 사람들을 위해 발명을 하다

에디슨은 1887년에 뉴저지 주 웨스트오렌지로 연구소를 옮겼는데, 이곳은 40~50명이 연구하는 세계에서 가장 큰 규모의 연구소였어. 1889년 에디슨은 활동사진 카메라인 키네토그래프와 활동사진 영사기인 키네토스코프를 발명했어. 그리고 가볍고 오래가는 축전지를 개발해 철도 신호기나 전기 자동차 등에 사용했어.

그 사이 전기를 공급하는 방법으로 에디슨이 주장하는 직류가 아닌 경쟁 회사에서 주장하는 교류로 선택되었어. 그리고 전등과 관련된 특허 소송으로 많은 비용이 들면서 에디슨은 회사를 그만두게 되었어. 하지만 사업을 그만둔 뒤에도 집에 여러 종류의 나무를 심어서 고무를 대신할 물질을 찾는 등 연구를 계속했어.

1931년 10월 18일 에디슨은 마지막 순간까지 실험을 하다가 눈을 감았어. 장례식날 미국 전체가 일제히 전등을 끄고 에디슨의 죽음을 애도했어. '사람들을 위한 발명품만을 만들 것이다'라는 자신의 말처럼 에디슨이 만든 발명품은 대부분 일상생활에 필요한 물건이었으며, 지금도 사용되고 있어.

이미 있는 것에 다른 기술을 덧붙여 새롭게 만들었어

장영실

다 모였나? 한 명도 빠짐없이 모이라고 했는데……. 자, 그럼 들어가지.
(장영실을 따라 모두 보루각으로 들어간다.)
 지난 6월에 자격루가 완성된 것을 기념해 전하께서 그간의 노고를 치하하며 연회를 베풀어 주신 걸 모두 알고 있지? 전하께서 상서원에서 기술을 배우는 너희들에게 자격루에 대해 설명해 주라고 어명을 내리셨어. 어

릴수록 새로운 기계를 많이 보고 배워야 뛰어난 기술자가 될 수 있다고 말씀하시면서 말이야.

(그때 뎅 하고 종소리가 난다.)

오시 정각이군. 아마 여기 있는 자격루를 처음 보았을 거야. 보루각*에는 아무나 함부로 들어올 수 없으니까. 자격루는 물이 흐르는 것을 이용하여 스스로 종을 울려 시간을 알려 주는 물시계야.

여기 왼쪽에 있는 물시계에서 시간을 재면 오른쪽에 있는 시간을 알려 주는 장치에서 나무 인형이 종, 북, 징을 쳐서 시간을 알려 주지. 하루를 열둘로 나누고 각각에 '자(子, 쥐) 축(丑, 소) 인(寅, 호랑이) 묘(卯, 토끼) 진(辰, 용) 사(巳, 뱀) 오(午, 말) 미(未, 양) 신(申, 원숭이) 유(酉, 닭) 술(戌, 개) 해(亥, 돼지)' 이렇게 열두 가지 동물 이름을 붙여서 시를 나타내. 그리고 조금 전처럼 정각이 되면 나무 인형이 종을 치지.

이 네모난 구멍에 있는 말 인형 보이지? 말이 들고 있는 푯말에 쓰인 글자가 뭔지 네가 말해 보겠니?

(아이가 '오'라고 대답한다.)

맞아. 말을 뜻하는 午(오)야. 종이 울리고 나면 이렇게 그 시에 해당하는 글자가 쓰인 푯말을 든 동물 인형이 올라와. 그리고 인형은 다음 시가 될 때까지 계속 머물러 있지.

하지만 밤은 좀 다르게 시간을 나타내. 경(更)과 점(點)으로 나타내거든.

보루각 자격루가 설치되었던 전각이자 표준 시계인 자격루를 관장하던 기관

해가 진 뒤부터 다음 날 해가 뜨기 전까지의 시간(하지 때 오후 7시 48분~다음날 오전 3시 52분)을 다섯으로 나누어서 '경'이라고 하지. 초경일 때는 한 번, 2경일 때는 두 번처럼 경의 숫자대로 나무 인형이 북을 울려. 그리고 각 경을 다시 다섯으로 나누어서 '점'이라 하고, 초경 1점일 때는 한 번, 초경 2점일 때는 두 번처럼 점의 숫자대로 나무 인형이 징을 울리지.

좀 어렵지? 나도 너희들만 할 땐 모르는 것투성이였어. 그런데 그런 내가 이렇게 궁궐에서 일을 하고 벼슬까지 하게 될 줄은 꿈에도 몰랐지. 난 태어나면서부터 노비였거든.

장난감에서 농기구까지! 만들고 고치는 걸 좋아했어

아버지께서는 원나라 기술자였는데, 동래로 피난을 왔다가 관에서 기생으로 일하던 어머니를 만나 나를 낳았어. 그래서 어렸을 때 아이들에게 기생 아들이라고 놀림을 많이 받았지. 그 때문인지 난 아이들과 잘 어울리지 못하고 혼자 있을 때가 많았어.

혼자 있으면 심심하다 못해 좀이 쑤시고 온몸이 뒤틀리긴 해. 하지만 혼자 지내면서 이런 저런 상상도 하고 주변에 있는 물건을 찬찬히 살펴보게 되었지.

낫을 살펴볼까? 손잡이는 나무로, 몸체는 쇠로 되어 있고, 풀을 잡고 베기 쉽게 날이 기역자로 꺾여 있고……. 이렇게 물건을 살펴보면서 난 물건을 무엇으로 어떻게 만들었고, 어떤 원리로 움직이는지를 알게 되었지. 그리고 물건을 직접 손으로 만들어 보곤 했어. 돌멩이나 나무토막, 쇠붙이 같은 걸로 장난감도 만들어서 가지고 놀았지.

한번은 팽이를 만들었는데 팽이가 몇 바퀴를 돌더니 핑그르르 쓰러져 버리는 거야. 왜 그럴까, 하고 다른 팽이를 살펴보니 아랫부분을 너무 뾰족하게 깎은 것 같았어. 그래서 여러 번 고쳐서 기어이 팽팽 잘 돌아가는 팽이를 만들었지. 내가 만든 장난감은 친구들에게 인기가 아주 많았고, 마을 어른들도 손재주가 좋다며 칭찬해 주셨지.

난 열 살 무렵부터 동래현에서 노비로 일했는데, 고장 난 걸 보면 손이 근질근질해서 버려진 공구나 농기구를 보는 족족 고쳤어. 공장에서 농기구나 무기를 만들 때도 창대 길이를 짧게 하고 화살 무게를 줄이는 등 원래보다 사용하기 쉽게 만들곤 했지. 그러면서 돌이나 쇠 같은 재료를 다루고 기기를 만드는 솜씨가 점점 늘었고, 먼 고을까지 그 재주가 알려져 유명했지.

하지만 그 손재주가 나를 궁궐에서 일하게 해 줄 줄은 몰랐어. 지금도 태종 임금님이 베풀어 주신 하해와 같은 은혜를 생각하면 몸 둘 바를 모르겠어.

내가 동래현에서 일할 때는 선왕인 태종께서 나라를 다스릴 때였어. 때마침 궁궐에서 필요한 물건을 만들 기술자를 찾고 있었는데, 태종 임금님께서 내 소문을 들으신 거야. 임금님은 내게 여러 가지 물건을 만들게 했는데, 내 솜씨가 마음에 드셨나 봐. 일이 끝난 뒤에도 계속 궁궐에서 일하게 했거든.

꿰뚫어 볼 테야!
이미 있는 걸 관찰하면서 원리를 알아냈어

그러고 보니 내가 궁궐에서 일한 지도 어언 20년이 넘었군. 태종 임금님이 승하하시고 세종 임금님이 왕위에 오른 지 3년쯤 되었을 때야. 상서원에서 일하고 있는데, 천문학자 윤사웅과 최천구가 얼굴이 빨갛게 상기되어서는 전하께서 우릴 부르신다며 함께 가자는 거야. 그 말을 듣는 순간 심장이 두방망이질을 쳤어. 세자로 계실 때 한 번 뵌 적이 있지만 왕이 되신 후로는 처음 뵙는 거였거든.

임금님께서는 우리에게 혼천의*에 대해 물으셨는데, 왕위에 오르시기 전부터 혼천의를 비롯한 여러 천문 관측 기기를 만들어야 한다고 생각하셨거든.

왕은 백성에게 일식과 월식 같은 천문 현상이 언제 일어날지, 제사는 언제 지내야 하는지, 농사를 잘 지을 수 있도록 절기와 시간을 알려 주어야 해. 그러려면 천문 현상을 예측할 수 있어야 하지. 천문 현상을 계산해서

혼천의 천체 관측 기구로 해와 달, 행성의 운동과 위치를 관측하던 장치

미리 알아보는 걸 역법이라고 하는데, 달력은 역법을 이용해서 만들어.

그런데 우리나라에서는 중국에서 만든 역법을 사용했어. 그러다 보니 당연히 우리나라에서 천문 현상이 일어나는 시간과 맞지 않았지. 그래서 나라가 바로 서고 백성들이 안심하고 농사를 지으려면 우리나라에 맞는 역법을 만들어야 해. 천문 현상을 정확하게 관측할 천문 관측 기기가 꼭 필요한 건 이 때문이지.

그날 난 곱돌*로 거푸집을 만들면 혼천의에 세밀하게 눈금을 새길 수 있다고 말씀 드렸어. 그러자 임금님께서는 매우 기뻐하시면서 명나라에 가서 천문 기술을 공부하고 필요한 천문학 책을 구해 와서, 우리나라 천문 현상을 정확하게 관측할 천문 기기를 만들라고 명하셨지.

그리고 나에게 비록 신분이 천하지만 민첩한 재주는 따를 자가 없다며 칭찬하셨어. 그때 난 다짐했어. 명나라 것보다 더 뛰어난 천문 관측 기기를 만들겠다고 말이야.

난 명나라에서 천문 관측 기기를 자세히 살펴보면서 무엇으로 어떻게 만들었는지, 어떤 원리로 작동하는지를 익혔어. 어릴 때 물건을 살폈던 것처럼 말이야. 설계도를 얻거나 만드는 방법을 직접 배우면 좋겠지만, 천문 관측 기기는 그 나라에서 아주 중요한 물건이야. 그래서 그걸 만드는 방법은 나라의 기밀이어서 자세히 그 기술을 알 수 없었어.

할 수 없이 난 신기한 기계와 천문, 지리, 역법 책을 보이는 대로 사 모

곱돌 광택이 있고 만지면 양초처럼 매끈매끈한 돌

으고, 기회가 될 때마다 천문 관측 기기와 여러 가지 물시계를 관찰하면서 모양과 원리를 그대로 머릿속에 담았지.

사실 이 세상에 하늘에서 뚝 떨어진 새로운 물건은 없어. 대부분 이미 있던 물건들을 필요에 따라 조금씩 바꾸어서 새로운 물건을 만들거든. 구석기 시대에 돌을 깨서 도끼를 만들어 사용하다가, 돌을 갈아서 보다 정교한 도끼를 만들고, 이후 돌보다 단단한 금속을 발견하면서 금속으로 도끼를 만들었던 것처럼 말이야. 그러니 이미 만들어진 천문 관측 기기를 꼼꼼히 관찰하는 건 새로운 것을 만들기 위한 첫걸음이지.

더하고 빼고! 여러 기술을 잘 조합해서 새로운 걸 만들었어

명나라에서 돌아오자 임금님께서는 양각혼의성상도감이라는 관청을 만들어서 계속 천문학을 연구할 수 있도록 해 주셨어. 난 그곳에서 연구한 지 2년 만에 경점지기라는 물시계를 만들었어.

물시계는 항아리에 난 구멍으로 일정하게 물이 아래로 떨어지도록 한 다음 마지막 항아리에 고이는 물 높이로 시간을 재는 시계야. 물시계는 낮에만 시간을 잴 수 있는 해시계와는 달리 밤이나 흐린 날에도 시간을 잴 수 있어. 그래서 표준 시계로는 물시계가 알맞아.

물시계는 신라 시대부터 사용했는데, 태종 때부터는 경루라는 물시계를 사용했어. 아까 밤 시간을 어떻게 나타낸다고 했지?

(모두 고개를 푹 숙인다.)

이런, 그새 까마귀 고기를 먹었나? 밤 시간은 경과 점으로 나타낸단다. 그런데 경루는 시간을 경으로만 나누어 시간을 재는데다가 낡아서 시간이 잘 맞지 않았어. 게다가 마지막 항아리에 물이 차면 항아리를 바꾸느라 얼마간 시간을 잴 수 없었지. 이런 단점을 고친 게 바로 경점지기야.

경점지기는 경루와는 달리 시간을 경과 점으로 나누어서 쟀어. 마지막 항아리에 시간 눈금을 새긴 잣대가 들어 있는데, 물이 고이면 잣대가 솟아올라. 이 잣대에 새겨진 눈금을 읽으면 시간을 알 수 있었지. 그리고 같은 물시계 두 개를 나란히 두어서 한 물시계에 있는 마지막 항아리에 물이 다 차면 바로 옆의 물시계가 작동해서 시간을 계속 잴 수 있었어.

임금님께서는 내가 만든 경점지기를 보고 크게 기뻐하셨어. 그리고 그 공로를 치하하시며 노비 신분에서 벗어나게 하고 상의원 별좌라는 벼슬까지 주셨지. 임금님의 성은에 난 눈물을 흘렸어.

그런데 경점지기로도 해결되지 않는 문제가 있었어. 경점지기는 경루처럼 사람이 물시계를 눈이 빠져라 지켜보고 있다가 시간이 되면 종을 쳐서 시간을 알렸거든. 그래서 물시계를 지키는 관리가 잠시 한눈을 팔거나 졸아서 시간을 제때 알리지 못하기도 하고, 눈금을 잘못 읽기도 했어. 그럴 때마다 사람들이 낭패를 봤고, 실수를 한 관리는 엄한 벌을 받았지.

임금님께서도 이걸 항상 안타까워하셨어. 이 문제를 어떻게 하면 해결할 수 있을까 궁리하던 어느 날, 책에서 보았던 자동으로 시간을 알려 주는 물시계가 생각났지.

난 명나라에서 가져온 중국 책 『천문지』와 아라비아* 책 『정교한 기계 장치의 지식서』를 가지고 여러 가지 물시계를 비교했어. 그리고 물시계를 만드는 기술을 더하거나 빼면서 새로운 자동 물시계를 고안해 냈지.

우선 기초 설계를 해서 모형을 만들어 확인하고, 설계를 다시 수정하는 과정을 수없이 반복했어. 설계도가 완성된 다음에는 기술자를 모아서 각 부분을 만들어 조립해서 시험해 보고, 맞지 않으면 부수고 다시 조립했어. 이렇게 수없이 부수고 만들기를 반복해, 10년 만에 완성한 게 바로 이 자격루야.

이제 자격루가 어떻게 작동하는지 알아볼까? 왼쪽에 보이는 물시계는 중국 물시계를 우리나라에 맞게 만들었어. 물이 항상 일정하게 흐르도록 하고, 물을 담는 파수호도 둥글고 크게 만들어서 물을 많이 담을 수 있지. 오른쪽에 보이는 시간 장치 안에는 쇠구슬이 떨어지도록 되어 있는데, 이 장치는 아라비아 시계에서 사용한 기술이야.

그리고 가운데 긴 잣대 보이지? 잣대 뒤에는 긴 막대에 쇠구슬이 들어 있는 선반이 일정한 간격으로 놓여 있어. 수수호에 물이 고여서 잣대가 떠오르다가 일정 시간을 나타내는 위치에 오면 선반을 밀어 올려. 그러면 작은 쇠구슬이 나와 시간 장치 안으로 굴러 들어가. 그리고 숟가락처럼

아라비아 아시아 서남부 아라비아 반도 지역. 장영실이 활동하던 때는 이슬람 제국이었으며, 현재는 사우디 아라비아, 쿠웨이트 등의 나라가 있다.

생긴 기구로 떨어지면서 숟가락 기구를 젖혀서 반대편에 있는 큰 쇠구슬을 떨어뜨려.

큰 쇠구슬은 나무 인형에 연결된 숟가락 기구로 떨어지는데, 이때 나무 인형의 팔뚝이 움직여서 종이나 북, 징을 울리지. 정각을 알릴 때는 종을 울린 큰 쇠구슬이 통로를 따라 떨어지면서 동물 인형 장치를 건드리면 동물 인형이 올라가 시간을 알려 주고.

지렛대로 숟가락을 이용한 건 비잔티움 지역에서, 인형이 종이나 북, 징을 쳐서 자동으로 시간을 알리는 건 중국 물시계에서 사용했던 기술이지. 이처럼 자격루는 동양과 서양의 기술을 잘 조합해서 만든 독창적인 시계야.

올해 보루각을 지어 자격루를 설치한 다음 음력 7월 1일부터 자격루로 잰 시간을 표준 시간으로 삼았어. 이제 자격루가 잰 시간에 따라 정확하게 성문을 여닫고, 운종가에 있는 종루로 전달된 시간에 맞춰 백성들이 생활할 수 있게 되었어.

(뎅 하고 종소리가 난 후 미시를 알리는 뱀 인형이 나타났다.)

어이쿠! 벌써 미시네. 두 시간이나 이야기했군. 어쩐지 아까부터 배가 고프더라니. 자, 이제 다들 점심을 먹으러 가자. 역시, 자격루는 생활의 기준을 잡아 준다니까. 허허허.

재주 많은 장영실의 손 들여다보기

그림자로 시간을 알려 주는
해시계 **앙부일구** 발명

해와 달, 별의 위치와
움직임을 보는 천문 관측 기기
혼천의와 **간의**를
과학자들과 함께 만듦.

금속활자 **갑인자**를
이천과 함께 만듦.

'일성정시의' 가 있어서 좋구나!
낮에는 해로, 밤에는 별로
시간을 재고!

임금님을 위해 자동
물시계, 옥루를 만들자!
계절 변화와 절기에
따른 태양 위치도
표시해야지.

자동 물시계
자격루 발명

손으로 들고
다닐 수 있는
해시계와 물시계를
만들자!

박연 선생,
우리 함께
악기 편경과 편종을
만드세!

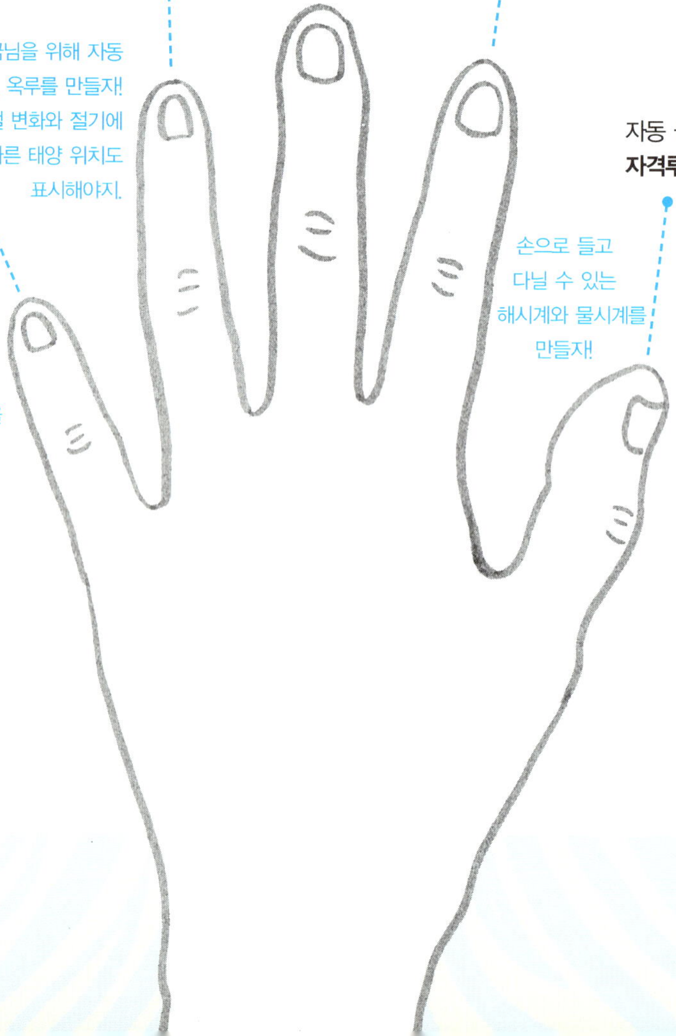

노비 출신이었지만 뛰어난 손재주와 끊임없는 노력으로 조선 시대 최고의 과학 기술자가 된 장영실 선생님. 선생님의 놀라운 과학 발명품 덕분에 조선 시대 과학이 화려하게 꽃필 수 있었어요. 특히 이전에 있던 기술에 다른 기술을 조합해서 새롭게 만든 점이 인상 깊었어요. 그렇게 탄생한 것이 동양과 서양의 물시계 만드는 기술을 이용해 만든 자격루였지요.

자격루는 파수호와 수수호, 잣대 등으로 이루어져 있어요. 층층으로 놓인 항아리에서 물이 흘러내린 다음 잣대가 들어 있는 마지막 항아리에 물이 차오르면 잣대가 떠올라 쇠구슬이 시간을 알려 주는 장치로 떨어지죠. 그리고 이 쇠구슬이 장치 안의 쇠구슬을 건드리면 쇠구슬이 통로를 따라 떨어지면서 나무 인형을 움직여 종이나 북, 징을 치고, 시간을 나타내는 동물 인형이 올라와서 시간을 알려 줘요.

또한 해시계 앙부일구를 만들었는데, 가마솥이 하늘을 보고 있는 모양을 한 해시계라는 뜻이지요. 이 해시계는 시간과 24절기를 새겨 넣은 시계판과 그림자를 만드는 시침으로 이루어져 있어요.

이 밖에도 자격루를 더욱 발전시켜 세종대왕님을 위해 옥루라는 물시계를 만들었고, 여러 과학자들과 함께 혼천의, 간의, 일성정시의 같은 천문관측기기를 만들었어요.

*장영실이 만들었다고 알려진 측우기는 정확하게 누가 만들었는지 기록에 남아 있지 않다. 역사학자들에 따르면 여러 가지로 보아 측우기는 장영실이 아니라 문종이 만들었다고도 한다.

찰칵! 장영실이 살아온 길

뭐든 척척 만들고 고치는 꼬마 기술자

장영실은 1390년 무렵 경상도 동래현에서 고려 말에 원나라에서 피난을 온 기술자, 장동휘와 관에서 일하는 기생 사이에서 태어났어.

조선 시대는 신분 제도가 아주 엄격했으며, 양반·중인·상민·천민으로 신분을 나누었어. 그리고 부모의 신분에 따라서 자식의 신분도 정해졌지. 그래서 기생의 아들로 태어난 장영실은 태어나면서부터 노비였어.

장영실의 어린 시절에 대해서는 잘 알려져 있지 않은데, 어렸을 때부터 관찰력이 뛰어나서 무슨 물건이든 찬찬히 살펴보고 그 원리를 찾아냈대. 그리고 손으로 직접 장난감이나 기계를 만들고 고치는 일도 잘하는 등 손재주가 뛰어났다고 해.

장영실은 열 살 무렵부터 관가에서 물건 만드는 일을 했는데, 손재주를 발휘해서 무기나 농기구를 고치는 것은 물론 편리하게 만들기도 했어. 그의 뛰어난 손재주는 동래현은 물론 경상도에까지 소문이 날 정도였어.

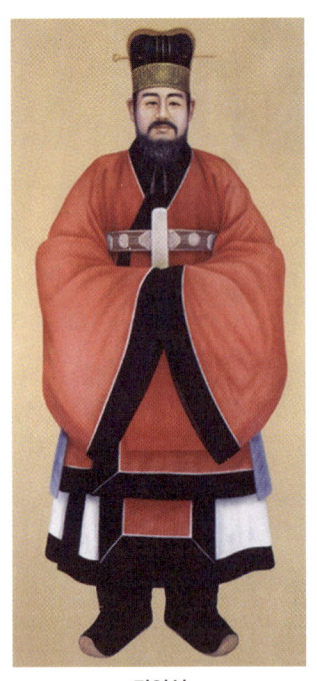

장영실
(1390년 무렵~?년)

궁궐에서 일하는 기술자가 되다

1410년, 당시 임금이었던 태종은 궁중에서 물건을 만들 기술자를 찾고 있었는데, 장영실의 손재주가 뛰어나다는 소문을 듣고 그를 궁궐로 불러들였어. 태종은 장영실의 솜씨를 마음에 들어 했으며 그를 매우 아꼈다고 해.

태종에 이어 왕위에 오른 세종도 손재주가 뛰어난 장영실을 아꼈어. 1421년에 세종은 남양 부사 윤사웅, 부평 부사 최천구, 장영실을 불러 혼천의에 대해 토론했어. 그리고 그들에게 중국에 가서 여러 가지 천문, 지리, 역법 책을 사 오고 천문 관측 기기의 모양을 눈으로 익혀 와서 만들라고 했어. 그래서 장영실은 윤사웅, 최천구와 함께 중국으로 떠나는 사절단을 따라 명나라로 떠났어.

자동 물시계, 자격루를 만들다

1422년에 명나라에서 돌아온 장영실 일행은 세종이 설치한 양각혼의성상도감이라는 관청에서 연구를 계속했어. 그리고 1425년에 장영실은 태종 때 만들어진 물시계를 개량해서 '경점지기'라는

물시계를 만들었어. 그 공로로 장영실은 노비 신분에서 벗어나 상의원 별좌라는 정5품 직위까지 받았지.

그런데 그즈음 이간이라는 사람이 관리들에게 뇌물을 준 것이 발각되었는데, 그 중에는 장영실도 있었어. 그래서 장영실은 곤장 20대를 맞고 풀려났지. 그리고 1430년에는 이징이 이끄는 사절단을 따라 명나라로 가서 개인이 함부로 탈 수 없는 말을 타고 사냥을 해서 벌을 받고 벼슬이 낮아지기도 했어.

이런 사건을 겪은 후 장영실은 이천의 지휘 아래 천문대인 간의대를 만들었어. 그동안에도 장영실은 계속 물시계를 만드는 연구를 했으며, 드디어 1433년에 경점지기를 개량해서 자격루를 만들었어. 자격루는 1434년에 경복궁 경회루 남쪽에 보루각을 지은 다음 설치되었고, 그해 음력 7월 1일부터 조선의 표준 시계로 사용되었어.

장영실은 그 공로로 호군이라는 정4품의 높은 벼슬을 받았어. 1434년에는 이천과 함께 금속 활자인 갑인자를 만들기도 했지.

조선 시대 최고의 과학 기술자로 남다

장영실은 1437년에 명나라에서 온 기술자 지원리, 김새 등에게 금속을 분리해 내는 기술을 배웠어. 그리고 1438년에는 세종을 위해 자동 물시계인 옥루를 만들어 임금님이 머무는 경복궁 천추전 서쪽에 흠경각을 세운 다음 설치했어.

그해에 장영실은 경상도 채방별감으로 임명되어 광산을 개발하고 창원, 울산, 영해, 청송 등에서 나는 철을 조정에 바쳤어. 그런데 1442년 세종이 가마를 타고 나들이를 가다가 가마가 부서지는 사고가 났어. 다행이 세종이 크게 다치지는 않았지만, 이 사고는 그 당시로는 불경죄에 해당하는 큰일이었지. 그래서 가마를 만드는 일을 감독했던 장영실은 벌을 받고 관직에서 물러났어. 그 후 어떻게 살았는지, 언제 죽었는지 알려지지 않았어.

장영실은 자동 물시계인 자격루를 만들었으며, 간의, 혼천의, 앙부일구, 갑인자 등 우리 역사에 길이 남을 수많은 발명품을 남겼어.

장영실은 비록 허망하게 사라졌지만, 우리 역사상 가장 뛰어난 발명가인 동시에 과학 기술자로 여겨지고 있어. 그래서 그의 과학 정신을 기림과 동시에 과학 기술 발전을 위해 한국산업기술협회와 매일경제신문사에서는 1991년부터 매주 뛰어난 공산품을 뽑아서 IR52장영실상을 주고 있어.

혼천의(위), 해시계(아래)

참고 도서

생각의 탄생 에코의서재 | 로버트 루트번스타인, 미셸 루트번스타인 지음
창의성의 즐거움 북로드 | 미하이 칙센트미하이 지음
평범한 아이를 비범하게 만드는 잠재력 학습법
럭스미디어 | 추이화팡 지음

아이작 뉴턴

프린키피아의 천재 사이언스북스 | 리처드 웨스트폴 지음
우리가 몰랐던 천재들의 창조성 뉴턴과 아인슈타인
창비 | 홍성욱, 이상욱 외 지음
만유인력과 뉴턴 바다출판사 | 게일 E. 크리스티안슨 지음
뉴턴 과학의 역사를 새로 쓰다 주니어김영사 | 손영운 지음
뉴턴 달이 지구로 떨어지고 있다니!
길벗어린이 | 권수진, 김성화 지음
세계를 변화시킨 12명의 과학자 두산동아 | 스티븐 파커 지음
천재 과학자들의 숨겨진 이야기 사람과책 | 야마다 히로타카 지음
과학 이야기 주머니2 녹두 | 송성수 외 지음
교과서를 만든 과학자들 글담 | 손영운 지음

알베르트 아인슈타인

아인슈타인의 편지 거인 | 장 쟈크 그리프 지음
E=mc²과 아인슈타인 바다출판사 | 제레미 번스타인 지음
누구나 이해할 수 있는 상대성이론 뉴턴코리아
알베르트 아인슈타인 어린이작가정신 | 크리츠 옥슬레이드 지음
인간 아인슈타인 시아출판사 | 피터 D. 스미스 지음
우리가 몰랐던 천재들의 창조성 뉴턴과 아인슈타인
창비 | 홍성욱, 이상욱 외 지음
알베르트 아인슈타인 미세기 | 엘리자베스 매클라우드 지음
유레카 세계위인전집 아인슈타인 학원출판공사 | 씨 제리히 지음

세계를 변화시킨 12명의 과학자 두산동아 | 스티브 파커 지음
천재 과학자들의 숨겨진 이야기 사람과책 | 야마다 히로타카 지음
과학 이야기 주머니2 녹두 | 송성수 외 지음
교과서를 만든 과학자들 글담 | 손영운 지음
과학쟁이 2005년 4월호 웅진씽크빅

이휘소

이휘소 평전 럭스미디어 | 강주상 지음
못다 핀 천재 물리학자 이휘소 작은 씨앗 | 이용포 지음
한국을 이끄는 사람들 이휘소 교원 | 오동훈 지음
한국을 빛낸 과학자들 삼성출판사 | 김형자 지음
우리 과학 100년 현암사 | 박성래, 신동원, 오동훈 지음
세계적인 이론 물리학자 이휘소 한국몬테소리 | 이희주 지음
과학쟁이 2004년 10월호 웅진씽크빅

찰스 다윈

나의 삶은 서서히 진화해왔다 갈라파고스 | 찰스 다윈 지음
찰스 다윈 에코리브르 | 시릴 아이돈 지음
생명의 나무 주니어김영사 | 피터 시스 지음
진화론과 다윈 바다출판사 | 레베카 스테포프 지음
다윈 교원 | 안나 스프롤 지음
세계를 변화시킨 12명의 과학자 두산동아 | 스티브 파커 지음
청소년이 반드시 알아야 할 진화의 비밀
이룸 | 크리스탄 로슨 지음
다윈의 비글호 항해기 가람기획 | 찰스 다윈 지음
종의 기원, 자연 선택의 신비를 밝히다 사계절 | 윤소영 지음

바버라 매클린톡

생명의 느낌 양문 | 이블린 폭스 켈러 지음

옥수수밭의 처녀, 맥클린토크
전파과학사 | 나타니엘 C. 컴포트 지음

두뇌, 살아 있는 생각 룩스미아 | 새런 버트시 맥그레인 지음

나는 과학자의 길을 갈 테야 창비 | 송성수, 이은경 지음

인터넷 자료 : 콜드 스프링 하버 홈페이지(www.cshl.edu/)
위키피디아 / 미국 NIH 자료

석주명

석주명 평전 그물코 | 이병철 지음

나비박사 석주명 사계절 | 박상률 지음

나비박사 석주명의 과학나라 현암사 | 석주명 지음

우리 과학 100년 현암사 | 박성래, 신동원, 오동훈 지음

역사인물신문2 웅진주니어 | 이광희 지음

마이클 패러데이

전자기학과 패러데이 바다출판사 | 콜린 A. 러셀 지음

찌릿찌릿 패러데이, 전기로 세상을 움직여요
디딤돌 | 브라이언 윌리엄스 지음

마이클 패러데이 자유학교 | 앤풀릭 지음

위대한 물리학자3 사이언스북스 | 윌리엄 크로퍼 지음

일렉트릭 유니버스 생각의나무 | 데이비드 보더니스 지음

인류 100대 과학 사건3 웅진주니어 | 장수하늘소 지음

The life and discoveries of Michale Faraday
Macmillan company | J.A.Crowther 지음

인터넷 자료 : 위키피디아 / 미국 클락슨 대학(Clarkson University) 교육
자료 / 영국 세인트 앤드류 대학(St. Andrews University) 교육 자료

토머스 에디슨

위대한 발명과 에디슨 바다출판사 | 진 아데어 지음

세계를 변화시킨 12명의 과학자
두산동아 | 스티브 파커 지음

에디슨 학원출판공사 | 스털링 노드 지음

에디슨 교원 | 안나 스프롤 지음

에디슨 한국헤밍웨이 | 이효성 지음

유쾌한 발명가 토머스 에디슨 한솔 | 유영소 지음

에디슨 인류의 내일을 발명하다
주니어김영사 | 루카 노벨리 지음

천재 과학자들의 숨겨진 이야기
사람과책 | 야마다 히로타카 지음

장영실

장영실 웅진씽크빅 | 정창훈 지음

장영실 교원 | 박권수 지음

세종대왕이 사랑한 조선 최고의 발명가 장영실
해와나무 | 송윤섭 지음

장영실과 자격루 서울대학교 출판부 | 남문현 지음

한국 과학기술 인물 12인 해나무 | 김근배 외 지음

한국과학사 사이언스북스 | 전상운 지음

돌도끼에서 우리별 3호까지 아이세움 | 전상운 지음

한국사 탐험대4 웅진주니어 | 안상현 지음